STARK DURCH „STRUGGLES"

STARK DURCH „STRUGGLES"

DAS IDEALE MINDSET,
UM KRISEN ZU MEISTERN.

BY

KURT GASSNER

My-mindguide.com

Stark durch „Struggles“
Kurt Gassner

Impressum
My-mindguide – The publishing trademarke of trendguide Capital GmbH, Klenzestr. 42a, 80469 Munich, Germany.

Reg. Nr. HRB Munich 206639, VAT 152 123 159, CEO: Kurt Friedrich Gassner
Web: www.my-mindguide.com, mail: gassner@my-mindguide.com

Paperback ISBN: 978-3-949978-72-2
Hardback ISBN: 978-3-949978-73-9

Inhaltsverzeichnis

Struggles

Einleitung

„Wenn du am Rande des Lichts stehst und einen Schritt ins dunkle Unbekannte machen musst, wird Folgendes geschehen: Entweder stößt du auf etwas Solides, das dir Halt gibt, oder du lernst zu fliegen."
~ *Patrick Overton*, The Leaning Tree: [Gedichte]

Ein Samen wird in die Erde gepflanzt und gegossen. Schon bald beginnt er aus seinem Schlummer zu erwachen und auf seine neue Umgebung zu reagieren. Obwohl er außerhalb des Erdreichs vollkommen tot und leblos erscheint, erwacht er zum Leben und vollbringt die unglaublichsten Dinge, sobald er eingepflanzt ist. Ohne eine spezielle Kameratechnologie kann er von den Menschen über der Erde nicht gesehen werden. Aber unter der Oberfläche findet ein geradezu magischer Wandel statt. Ein Prozess, den wir für selbstverständlich halten, weil er auf der ganzen Welt milliardenfach gleichzeitig stattfindet.

Wir sehen das Wachstum von Pflanzen als etwas Gewöhnliches und Alltägliches an, obwohl es eigentlich ziemlich außergewöhnlich ist. Das Samenkorn nutzt die Kraft des tief liegenden, dunklen Erdreichs, um daraus die Grundlagen für den Rest seines Lebens zu schaffen. Es stellt sich heraus, dass Pflanzen Dunkelheit genauso brauchen wie Licht. Die Dunkelheit ermöglicht es ihnen, bestimmte Vorgänge auszuführen, die auf lange Sicht lebenswichtig sind.

In der vierten Schwangerschaftswoche nehmen Babys kein Licht wahr, da sich ihr Sehvermögen noch nicht ausgebildet hat. Es dauert ein paar Wochen, bis Licht, meist rote Farbtöne, in den Bauch der Mutter eindringen kann. Dann, vier Wochen später, bilden sich die Augenlider, die die noch jungen Augen des Babys bedecken und es an einen Ort zurückversetzen, den das Licht nur schwer erreichen kann. Die nächsten Wochen der Entwicklung müssen in völliger Dunkelheit stattfinden. In den verbleibenden Monaten der Schwangerschaft erhält das Baby immer wieder kleine Dosen von Licht. Aber die Dunkelheit ist entscheidend für die Entwicklung aller Systeme in seinem winzigen Körper. Weniger als ein Prozent des Lichts aus der Umgebung kann in den Bauch der Mutter eindringen. Erst im fünften oder sechsten Monat können sich die Augenlider verhältnismäßig leicht öffnen und dem Baby damit zeigen, dass es noch etwas jenseits des warmen Wassers des Mutterleibs gibt.

Durch das Aufkommen der Digitalfotografie haben viele vergessen, dass früher Fotografen dunkle Räume errichten mussten, um schöne Bilder zu machen. Diese Räume mit fast keinem Licht boten die ideale Umgebung für lichtempfindliche Materialien, damit sich die Bilder langsam und sorgfältig entwickeln konnten.

Es gibt eine Million Orte auf unserer Welt, an denen die Dunkelheit eine wichtige Rolle spielt. Sogar die Erde selbst ist so angeordnet, dass der Morgen auf die Nacht folgt. Ohne die langen Nächte, in welchen sich die Sonne versteckt und der Mond die Hauptrolle spielt, gäbe es keine sanften Übergänge bei den Gezeiten. Es gibt Orte in unserem Universum, die immer hell sind – wie die Sonne. Aber es gibt auch dunkle

Orte in unserem Universum, zu denen nur das schwächste Licht vordringt. Diese Dunkelheit ist ein wichtiger Teil des empfindlichen Gleichgewichts, das die Galaxie am Laufen hält.

Der Gegensatz zwischen Licht und Dunkelheit hat für den Menschen sowohl eine physischen als auch eine metaphysische Bedeutung. Aus einem rein biologischen Blickwinkel betrachtet, leidet der Mensch unter der Unterbrechung des Ausstoßes von Serotonin, wenn es dunkel ist. Die Nacht kühlt zudem die Temperatur auf der Erde ab, damit die Sonne nicht den gesamten Planeten zum Kochen bringt.

Jenseits der physischen Dunkelheit gibt es jedoch Orte und Zeiten in unserem Leben, in denen uns eine andere Art von Dunkelheit berührt – durch Krankheit, Angst, Armut oder Tod. Wenn diese dunklen Elemente uns erreichen, zucken wir oft zurück und fragen nach dem Warum. Wir klagen, weinen und verwünschen die Dunkelheit. Könnte es aber sein, dass wir die Schönheit nicht sehen, die uns durch die Dunkelheit zugänglich gemacht wird?

Viele von uns haben Angst vor der Dunkelheit. Diese Nyktophobie plagt Millionen von Menschen. Allein in den USA leiden 11 Millionen Menschen unter einer besonderen Form der Angst vor der Dunkelheit, und damit ist diese Angst weiterverbreitet als die Höhenangst. Aber es gibt noch eine andere Angst vor der Dunkelheit, die Menschen plagt und mit dem menschlichen Auge nicht wahrgenommen wird. Es ist die Angst vor den dunklen Orten, an denen wir uns vielleicht wiederfinden, wenn wir woanders sein möchten.

Auf den nächsten Seiten beschäftige ich mich mit den dunklen Orten der Armut, der Krankheit, des Verlusts und der Angst auf eine Weise, die du vielleicht noch niemals in Betracht gezogen hast. Ich hoffe, dass ich dir zeigen kann, dass es auch an dunklen Orten äußerst schön sein kann. Dass diese Sichtweise dich herausfordert und dir hilft, über deine selbstauferlegten Grenzen hinauszuwachsen. Denn was dich stärker macht, macht dich unbesiegbar.

Auf der dunklen Seite geboren zu sein, kann dich zäher machen, als du es dir je erträumt hättest. So kannst du in fast jeder Situation den Spieß umdrehen. In der heutigen Welt mit all ihren Veränderungen und Herausforderungen kannst du dich selbst widerstandsfähiger machen, um zu überleben und dich anzupassen.

Mit der richtigen Einstellung lässt sich für nahezu jede Wolke ein Silberstreif am Horizont finden. Ein aufgeklärter Geist kann jede Widrigkeit als Chance begreifen. Durch den Perspektivwechsel ist es einem möglich von Angst und Überforderung zu Entschlossenheit und Zufriedenheit zu wechseln. Es ist erwiesen, dass die richtige Einstellung sogar körperliche Auswirkungen hat. Menschen, die nur noch kurze Zeit zu leben haben, entwickeln zum Beispiel eine starke Lebenseinstellung und sind ein Jahrzehnt später noch am Leben. Wo manche von Widrigkeiten erdrückt werden, gedeihen andere. Und warum? Nicht nur, weil sie Draufgänger sind und nie aufgeben. Es liegt daran, dass sie in schwierigen Zeiten etwas gelernt haben, das anderen entgangen ist.

Wenn du einen schweren Start ins Leben hattest, fühlt es sich eventuell so an, als würdest du in zwei entgegengesetzte

Richtungen gezogen. Die eine Seite des Universums scheint dich mit Zahlen und Berichten darüber zu belästigen, wie es Menschen ergangen ist, die einen ähnlichen Start hatten. Und das sind nie positive Berichte. Die andere Seite des Universums besteht aus all den Wohlfühl-Botschaften, die dir sagen, dass du deine Vergangenheit hinter dir lassen, sie überwinden und ein neuer Mensch werden kannst. Sie ermutigen dich, „dein Leben zu ändern".

Natürlich verstehe ich, was damit gemeint ist, aber wie sieht die Wahrheit aus? Manche Teile deiner Geschichte lassen sich nicht umschreiben, auch die Gegenwart, in der du dich befindest, lässt sich nur in gewissem Maße anpassen, aber deine Zukunft kannst du frei nach deinen Vorstellungen lenken und gestalten. Der Versuch, eine Zukunft zu planen, ohne dabei die Vergangenheit zu berücksichtigen, bedeutet, eine Art schizophrenes Leben zu führen. Du bist, wer du bist, *mit* deiner schwierigen Vergangenheit. Deine Vergangenheit macht dich nicht aus, aber du bist mit ihr verbunden, weil sie dich Schritt für Schritt zu der Person geführt hat, die du geworden bist.

Botschaften, dass du deine Träume verfolgen sollst, sind nutzlos, wenn du von Albträumen von gestern heimgesucht wirst. Wenn du dich peinlich berührt, beschämt, schuldig fühlst oder von deiner Vergangenheit ausgebremst wirst, ist es schwierig – wenn nicht gar unmöglich – vorwärts zu kommen.

Auf den nächsten Seiten möchte ich dir zeigen, wie du deine Fantasie aktivieren kannst, neue Erkenntnisse gewinnst, deine Perspektive änderst und die Kraft bekommst, auf den Trümmern deiner Vergangenheit zu stehen und deine Zukunft im Blick zu haben. Du wirst in die Lage versetzt, deine vergangenen Misserfolge, Schwierigkeiten und ja, auch Peinlichkeiten in eine erfolgreiche und erfüllte Zukunft einfließen zu lassen. Mit diesen Techniken lernst du, dir die Zukunft vorzustellen, indem du deine Vergangenheit auf eine positive Art und Weise in die Gegenwart bringst.

Struggles

My-mindguide.com

Kapitel 1

Wie alles begann

*„Jemand, den ich liebte, gab mir einst eine Schachtel voll Dunkelheit.
Ich brauchte Jahre, um zu verstehen, dass auch das ein Geschenk war."
~ Mary Oliver*

○○○

Ich bin ein absoluter „Start-up" Mensch. Es vergeht kein Tag, an dem ich nicht voller Ideen stecke, die nach eine festen Platz in meinem Gehirn suchen. Normalerweise finde ich für alle meine Ideen ein Zuhause. Einige ziehen von der Sozialwohnung in das Penthouse in meinem Kopf. Manche Menschen würden bei diesem Trubel vielleicht ihren Therapeuten anrufen, um einen freien Termin zu bekommen. Ich hingegen kann nur auf diese Weise leben. Der rasante Verkehr in meinem Kopf ist nicht nur eine Quelle der Begeisterung, die mich ungeachtet meines Geburtsdatums auf Trab hält. Er ist auch ein ständiger Beweis für die Fähigkeit des menschlichen Geistes, uns von einer Stelle zur anderen zu bringen. Egal, wie sehr wir in unserem Leben auch feststecken mögen, wenn wir die Superkräfte in uns entfesseln können, ist unser Potenzial grenzenlos ... beängstigend grenzenlos!

Ich wurde in Armut geboren. Nicht in die Art von Armut, bei der man sich trotzdem noch Markenklamotten und das neueste Smartphone leisten kann. Vielmehr war es die altmodische Art der Armut, bei der jede Mahlzeit einen Luxus darstellte. Meine Aussichten schienen für Außenstehende eher gering. Zum Glück betrachtete ich die Welt von innen nach außen. Von dort aus war die Welt eine Speisekarte und ich saß an ihrem Tisch, bereit, meine Bestellung aufzugeben und das Festmahl zu genießen, das sie mir vorsetzen würde.

Ich hatte keine Ahnung, wie ich aus dem Loch der Armut herauskommen würde, aber ich war überzeugt, dass ich es irgendwie schaffen würde.

Ein Außenstehender hätte vielleicht eine Bestandsaufnahme meines Lebens vorgenommen und festgestellt, dass es mir an all den Annehmlichkeiten fehlte, die Reichtum ausmachen.

Aber ich stellte fest, dass ich Talent und Kreativität besaß, sowie Ziele und Wünsche hatte. Ich saß auf einem unsichtbaren königlichen Schatz. Ich wollte meine Zeit nicht damit verschwenden, mir Sorgen zu machen. Stattdessen konzentrierte ich mich lieber aufs Arbeiten.

Außerdem wissen sie nicht, wie ich angefangen habe.

Ich behaupte oft, dass es einen stärker macht, auf der Schattenseite geboren zu sein.

Ich weiß das aus eigener Erfahrung. Ich wurde kurz nach dem Ende des Zweiten Weltkriegs geboren. Die Welt war immer noch in zwei Teile zerrissen und die Verwüstungen des Krieges waren in den Städten, in denen der Krieg geführt worden war, offensichtlich.

Aber der Krieg hatte nicht nur die Landschaft der beteiligten Länder verändert. Er hat auch die Mentalität der Menschen geprägt, die ihn miterlebt haben. Da ich in den 50-er Jahren von Eltern großgezogen wurde, die den Krieg selbst erlebt hatten, wurde ich anders erzogen als die Kinder, bei denen das nicht der Fall war.

Die Erziehung meiner Eltern war wesentlich vom Überlebenskampf geprägt. Was uns vielleicht an finanziellen Mitteln fehlte, machten wir durch Entschlossenheit und Tatkraft wett.

Wann immer ich Zweifel daran hatte, dass der Krieg eine furchtbar dunkle Zeit im Leben meiner Eltern gewesen war, wurde mir das durch das fehlende Bein meines Vaters vor Augen geführt.

Zu Kriegsbeginn waren meine Eltern beide noch Teenager gewesen. Gerade einmal 17 Jahre alt war mein Vater bei seinem Einzug in den Militärdienst. Er kam mit nur einem Bein aus dem Krieg zurück. Es gab keine Kriegsbeute, die sich die Soldaten untereinander aufteilen konnten.

Sie hatten überhaupt kein Geld und lebten zusammen in einer Ein-Zimmer-Wohnung. Arbeit war damals Mangelware, besonders für einen Mann mit einer schweren Behinderung. Meine Eltern mussten hart kämpfen für eine warme Mahlzeit und das Notwendigste.

Dann wurde ich gezeugt.

Ich wurde nach dem Krieg in Linz an der Donau, in Österreich, in bitterer Armut geboren. Alles lag in Trümmern.

Die Stadt war zwischen den Russen und den USA aufgeteilt. Unser winziges Zimmer hatte kein fließendes Wasser, kein Bad und keine Toilette.

Trotz ihrer Liebe zu ihrem kleinen Buben kamen meine Eltern an den Punkt, an dem sie es sich nicht mehr leisten konnten, mich zu behalten. Meine Eltern hätten es nicht geschafft, wenn sie nicht beide gearbeitet hätten. So konnte sich niemand um mich, – einen wenige Monate alten Säugling – kümmern. Also brachten sie mich schweren Herzens in ein Säuglingsheim, als ich gerade zwölf Monate alt war.

Dort gab es Zimmer voller Säuglinge, die wenigstens regelmäßiges Essen und warme, saubere Kleidung erhielten.

Ich kann mir nur vorstellen, wie es für sie gewesen sein muss, ihr Baby im Stich zu lassen. Sie wusste nicht, ob ich im Arm gehalten und geliebt werden würde oder ob sie mich jemals wiedersehen würden.

Es war eine furchtbar dunkle Zeit für sie und für die ganze Welt. Es mussten viele Babys weggegeben werden.

Ich blieb in der Auffangstation für Babys, bis ich fast drei Jahre alt war. Schon in diesem frühen Alter war ich mir der Schwierigkeiten bewusst, die mich von meiner Familie trennten. Schließlich wurden wir wiedervereint, aber die Armut, unter der wir litten, hielt an. Es gab eine Reihe von Höhen und Tiefen, die so verheerend waren, dass sie die Ehe meiner Eltern belasteten.

Die nächsten Jahre waren ein fürchterlicher Kraftakt. Mein Vater war ein junger Familienvater mit drei Kindern und einer

Frau, und er wechselte ständig den Arbeitsplatz, um für uns zu sorgen. Das Leben war stressig und als ich gerade acht Jahre alt war, trennten sich meine Eltern für ein Jahr. Wir zogen nach Österreich zurück.. Nach einem Jahr beschlossen meine Eltern, zu versuchen, ihre Ehe wieder zu kitten. Wir übersiedelten nach Deutschland, aber der Tapetenwechsel reichte nicht aus, um die Gräben zwischen ihnen zu überwinden. Es war offensichtlich, dass die Scheidung kurz bevorstand.

Als ich dreizehn war, zogen wir in ein tristes kleines Haus in Traun, in Österreich. Dort war es meist kalt, feucht und extrem ungemütlich. Ich verbrachte viel Zeit allein, weil meine Mutter arbeiten musste und mir die Verantwortung für drei Geschwister übertrug.

Ich besuchte die Schule, aber es war klar, dass ich kein ähnliches Leben wie meine Klassenkameraden führen konnte.

Das Leben ist nicht einfach, wenn man der Einzige in der Klasse ist, der es sich nicht leisten kann, an den Schulausflügen teilzunehmen.

Mein Leben änderte sich, als mein inzwischen geschiedener Vater mich in einem schönen Internat anmeldete. Ich war erleichtert, in einer so feinen Umgebung zu sein, und freute mich darauf, für den Rest meiner Schulzeit dort zu bleiben.

Leider wurden meine Hoffnungen nur ein Jahr später zunichte gemacht. Mein Vater konnte die monatlichen Zahlungen nicht mehr aufbringen und ich war gezwungen, die Schule zu verlassen.

Im Alter von sechzehn Jahren war ich alt genug, um arbeiten zu gehen, also war es an der Zeit für mich, mein Zuhause zu verlassen und mich auf eigenen Füßen in die Welt hinaus zu begeben.

Meine Geburt fiel in eine unglückliche Zeit, ich hatte meine jungen Jahre fern von den Menschen verbracht, die mich liebten, und nun war ich ein Teenager, der sich allein in der Welt durchschlagen musste. Es war schwer, aber ich wusste, dass ich es schaffen würde. Ich war widerstandsfähiger, weil ich schon viele Jahre im gesellschaftlichen Abseits gelebt hatte.

Ich fand ein möbliertes Zimmer bei einer älteren Dame und lebte allein dort. Mit siebzehn Jahren meldete ich mich beim Militär, vor allem weil es dort Gehalt, Essen und Unterkunft gab. Mit achtzehn Jahren begann ich, die soziale Leiter nach oben zu klettern, mit dem Ziel, ganz nach oben zu kommen.

Wenn ich sage, dass ich nicht mit einem goldenen Löffel geboren wurde, dann sage ich das mit Überzeugung.

Mit Bestimmtheit darf ich sagen, dass es in der Verantwortung eines jeden Menschen liegt, das Beste aus den Herausforderungen zu machen, die ihm das Leben stellt.

Ich hatte genug Jahre auf der dunklen Seite des Lebens verbracht. Ja, ich hatte den Preis bezahlt, den das Leben mir auferlegt hatte. Nun war es an der Zeit, mich neu zu erfinden. Und genau das habe ich getan.

Der Weg der Neuerfindung war lang und hart. Aber ich war stark genug, um mich dieser Aufgabe zu stellen, weil ich in eine ebenso langwierige und harte Zeit hineingeboren worden war. Die dunkle Seite war mir nicht fremd. Der Unterschied war, dass ich beim ersten Mal ein hilfloses Kind war. Dieses Mal hatte ich das Steuer fest in der Hand, obwohl ich im Dunkeln unterwegs sein würde. Ich hatte die volle Kontrolle.

Jetzt konnte ich tun, was ich wollte. Mein Wunsch: Ein schönes Leben in einem schönen Zuhause. Finanziell abgesichert.

Das habe ich erreicht. Mit jedem Erfolg setzte ich mir ein neues Ziel.

Deshalb ist es mir wichtig, zu betonen, dass auch Menschen, die ihr Leben auf der Schattenseite begonnen haben oder in die Finsternis gestürzt sind, ihre Träume verwirklichen können.

Armut ist keine Schande. Knappheit lehrt dich Dankbarkeit für alles, was du bekommst.

Sie schärft die Wahrnehmung für jede Gelegenheit und formt den Charakter. Und Armut lässt einen hungrig nach mehr werden, nicht physisch, sondern im übertragenen Sinne. Ich wollte immer mehr, weil ich wusste, dass ich das Zeug dazu hatte, ein besseres Leben zu führen.

Man kann sich das Leben erschaffen, welches man möchte. Davon bin ich fest überzeugt.

Ich sehe, dass viele meiner Zeitgenossen ihre Sechziger und Siebziger erreicht haben. Sie klagen darüber, dass sie sich langweilen. Viele von ihnen haben angefangen, zu trinken, um die Langeweile zu bekämpfen und die Rufe ihrer Träume zum Schweigen zu bringen, die sie dazu auffordern, ihr Leben zu leben.

Meine Zeitgenossen beklagen, dass sie ihre Zwanziger, Dreißiger, Vierziger und Fünfziger damit verbracht haben, zu arbeiten und Karriere zu machen. Als sie in Rente gingen, wussten sie nicht, was sie mit sich anfangen sollten. Der Rest ihres Lebens ist zwecklos und leer. Sie fühlen sich, als säßen sie fest.

Ich möchte die jüngeren Leser ermutigen, ihre Träume schon jetzt in Angriff zu nehmen, solange sie noch jung sind.

Älteren Lesern möchte ich Mut machen, indem ich sie wissen lasse, dass ihr Leben noch lange nicht vorbei ist. Solange du noch atmen kannst, stehen dir Möglichkeiten offen. Selbst wenn deine Gesundheit sich verschlechtert und dein Verstand ein wenig getrübt ist, kannst du dich neu erfinden. Du wirst vielleicht überrascht sein, dass deine Gehirnzellen wieder auf Touren kommen, wenn du dich mit dem Leben beschäftigst. Deine erhöhte Aktivität kann deinem Körper helfen, seine Kraft wiederzuerlangen. Vor allem aber kannst du die Sehnsüchte deines Herzens stillen, indem du das tust, wonach du dich sehnst.

Kapitel 2

Das Geschenk der Armut

„An jenem Abend schrieb ich meine erste Kurzgeschichte. Ich brauchte eine halbe Stunde dafür. Es war eine düstere kleine Geschichte von einem Mann, der eine Zaubertasse findet und feststellt, dass sich seine Tränen in Perlen verwandeln, wenn er in die Tasse weint. Aber obwohl er immer arm gewesen ist, ist er doch ein glücklicher Mensch, der selten eine Träne vergießt. Also sucht er nach Wegen, um sich traurig zu machen, damit ihn seine Tränen zu einem reichen Mann werden lassen. Aber je mehr Perlen er anhäuft, desto größer wird seine Habsucht. Die Geschichte endet damit, dass der Mann mit einem Messer in der Hand auf einem Berg von Perlen sitzt und hilflos in die Tasse weint, während er den Leichnam seiner erstochenen Frau in den Armen hält.“
~ *Khaled Hosseini*, Drachenläufer

Armut ist einer jener dunklen Orte, die Menschen oft als Ursache für die Angst in ihrem Herzen nennen. Vielleicht wurdest auch du arm geboren und wuchst in einer Umgebung auf, in der du mit Problemen und finanziellen Herausforderungen zu kämpfen hattest. Oder du wurdest durch den Verlust deines Arbeitsplatzes, eines Unfall, eine Krankheit oder einen Todesfall in die Armut gedrängt. Wie auch immer Armut entsteht, es ist unbestritten, dass sie nicht einfach zu bewältigen ist. Menschen, die von Armut betroffen sind, müssen lernen, sich an eine Welt anzupassen, die von Geld zu leben scheint. Wie kannst du überleben oder Erfolg haben, wenn Geld der Maßstab für Erfolg ist und du keinen hast?

Die moderne Gesellschaft, vor allem in der westlichen Welt, ist so beschaffen, dass Armut als ein Schicksal angesehen wird, das schlimmer ist als der Tod. In einer Welt, die von der Wirtschaft getrieben ist, ist Geld das Wichtigste. Doch eine Welt, in der Geld die treibende Kraft ist, hat ihren Preis. Eine der Schattenseiten ist, dass Menschen, die in Armut hineingeboren werden, davon ausgehen, dass es ihnen deutlich schlechter geht als denen, die in Reichtum geboren werden.

Menschen, die in Armut geboren werden, werden so sozialisiert, dass sie eines von zwei Erzählmustern glauben: Sie können sich mit den Statistiken über die Armut in ihrem Teil der Welt arrangieren und sich damit abfinden, „ihr Bestes zu geben". Oder sie nehmen eine motivierte Haltung ein, die sie anspornt ihrer Armut zu entkommen. Wie auch immer sie ihr Leben gestalten, die Gesellschaft wird sie nach ihrer Entscheidung beurteilen. In den meisten Ländern werden Arme Reichen gegenübergestellt. Und nur in einem solchen Umfeld kann man Armut überhaupt ermessen. Wenn wir alle eine Hütte haben, kann keiner von uns behaupten, dass es ihm besser geht als dem anderen. Im Gegenteil, ich könnte meine Hütte so lange lieben, bis du nebenan ein Backsteinhaus baust.

Eine Gemeinde in Virginia wollte diese Theorie testen, um festzustellen, ob Armut tatsächlich relativ ist und um zu beweisen, dass Menschen lernen können, miteinander zu leben, ohne dass Reichtum eine Rolle spielt. Diese Gemeinde in Twin Oaks, Virginia, scheint den richtigen Riecher gehabt zu haben. Aber ihr Erfolg ist nicht auf reines Glück zurückzuführen. Sie haben sich bewusst eine Gesellschaft geschaffen, in der Geld wenig bis gar keine Rolle spielt. In ihrem Blog schreiben sie:

„Wir teilen unsere Arbeit gleichmäßig auf und teilen unser Einkommen aus den Unternehmen, die wir gemeinsam besitzen. Das bedeutet, dass wir alle Einnahmen zusammenlegen und die Bedürfnisse der Gruppe aus diesen Einnahmen bestreiten. Alle Arbeiten der Mitglieder werden gleich bewertet, eine Stunde ist eine Stunde.

Die meisten Mitglieder haben an den meisten Tagen überhaupt nichts mit Geld zu tun. Man verpflichtet sich dazu, 42 Stunden pro Woche für die Gemeinschaft zu arbeiten – wenn man das tut, deckt die Gemeinschaft alle Lebenshaltungskosten wie Essen, Unterkunft, medizinische Versorgung, Bildung, Unterhaltung, Transport usw. ab.

Wir bekommen einen kleinen Zuschuss von 100 Dollar pro Monat, mit dem wir die Dinge kaufen, die die Gemeinschaft uns nicht zur Verfügung stellt (beispielsweise Zigaretten, Schokolade oder Alkohol, obwohl die Gemeinschaft einige der beiden letztgenannten Dinge kauft).

Es ist, als würde man in einem kleinen, sich selbst versorgenden Dorf leben, in dem jeder jeden kennt. Die meisten Mitglieder verlassen die Gemeinschaft kaum, und für die meisten stellt das auch keine große Belastung dar. Es gibt kein Live-Fernsehen und keine Werbung außer dem, was man im Internet und in Zeitschriften sieht.

*Bei uns gibt es keine Eigentumsdelikte, keine echte Armut
und keine Obdachlosigkeit (anders als im Rest der USA, wo
diese Probleme sehr ausgeprägt sind). Der Lebensrhythmus ist
langsamer als an vielen anderen Orten. Wir essen biologische
Lebensmittel, die wir selbst anbauen, ziehen selbst unsere
Kinder auf, kümmern uns selbst um unsere Älteren, bauen
selbst unsere Häuser, reparieren selbst unsere Autos und führen
unsere eigenen Geschäfte.“*

***

Mehr Geld bedeutet nicht gleich mehr Glück, wie viele arme
Menschen annehmen. Dieser Irrglaube veranlasst sie zu der
Annahme, dass sie reich und glücklich werden, wenn sie nur
im Lotto gewinnen, eine angesagte Erfindung machen, ein
erfolgreiches Unternehmen gründen oder ein Buch oder einen
Song schreiben, der die ganze Nation erobert. Studien zeigen
jedoch, dass man, selbst wenn man reicher ist, nicht unbedingt
glücklicher ist.

*Forscher wollten herausfinden, warum die Leute in den reichen
Ländern in den letzten vierzig Jahren im Durchschnitt nicht
glücklicher geworden sind, obwohl das Wirtschaftswachstum
zu einem erheblichen Anstieg des Durchschnittseinkommens
geführt hat.*

*Der leitende Forscher der Studie, Chris Boyce vom Institut
für Psychologie der University of Warwick, erklärte: „Unsere
Studie hat ergeben, dass die Rangposition des Einkommens
einer Person die allgemeine Lebenszufriedenheit am besten
vorhersagt, während die tatsächliche Höhe des Einkommens*

und das Durchschnittseinkommen anderer keinen signifikanten Einfluss zu haben scheinen." Die Studie mit dem Titel „Money and Happiness: Rank of Income, Not Income, Affects Life Satisfaction" wurde in der Zeitschrift Psychological Science veröffentlicht. Die Forscher untersuchten Daten zu Einkommen und Lebenszufriedenheit aus sieben Jahren des British Household Panel Survey (BHPS), einer repräsentativen Längsschnittstichprobe von britischen Haushalten.

Zunächst untersuchten sie, wie die Lebenszufriedenheit mit der Höhe des Einkommens zusammenhing. Dabei stellten sie fest, dass die Zufriedenheit viel stärker mit der Rangposition des Einkommens der Person zusammenhängt (im Vergleich zu Personen desselben Geschlechts, Alters, Bildungsniveaus oder aus demselben geografischen Gebiet).

Diese Ergebnisse erklären, warum es nicht unbedingt das allgemeine Glück steigert, wenn alle Menschen in der Gesellschaft reicher werden – denn es kommt nur darauf an, ein höheres Einkommen als andere Menschen zu haben.

~Chris Boyce, Gordon Brown (beide vom Institut für Psychologie der University of Warwick) und Simon Moore von der Cardiff University

***

Wenn du dich mit jemandem unterhältst, der bettelarm ist, wirst du feststellen, dass er zwar nicht die Annehmlichkeiten genießt, die wir für unverzichtbar halten, aber dennoch eine wertvolle Sicht auf die Welt hat.

Eine Sicht, von der man nichts mitbekommt, wenn man dem nächstbesten Dollar oder der neuesten Version des iPhones hinterherjagt.

Ein Obdachloser in Großbritannien hat das Folgende geäußert:

Je mehr ich darüber nachdenke, desto mehr wird mir bewusst, dass Armut keine „andere Welt" ist. Sie ist eine andere Dimension.

Wir leben im Grauen, in Sepiatönen. Tausende von kleinen Entscheidungen werden für uns durch die Armut und unser Überleben in ihr getroffen.

Als ich jung, zahlungskräftig und berufstätig war, sah ich Flugzeugen beim Fliegen zu und stellte mir all die wunderbaren Orte auf der Welt vor, die ich eines Tages besuchen würde. Kathmandu, Timbuktu, Paris, Ägypten – die Liste ging endlos weiter.

Als ich heute mit Mojo spazieren ging, fiel mir auf, dass ich seit Jahren nicht mehr nach oben geschaut hatte, und ich nahm mir bewusst einen Moment Zeit, um den Himmel zu betrachten. Das fühlte sich nicht selbstverständlich an.

Wenn du mittellos bist, wird dir ein Geschenk zuteil. Die Gabe, die Menschen so zu sehen, wie sie wirklich sind. Menschen sind freundlich. Menschen kümmern sich umeinander. Das geschieht auf unzählige Arten, unerwartet und ohne großes Aufsehen. Wenn das passiert, erfüllt es dein Herz und strömt in deine Seele, und das Leben ist wunderbar, weil du wahrgenommen wirst. Ein netter Mensch kümmert sich und handelt dementsprechend.

***

Struggles

Embrace the struggle & let it make you stronger. It won't last forever.

Kapitel 3

Ein wahres Vermächtnis

„Ein Mensch muss bei seinem Tod etwas dalassen, sagte mein Großvater. Ein Kind oder ein Buch oder ein Bild, ein Haus oder wenigstens eine Mauer, die er gebaut, oder ein Paar Schuhe, das er geschustert hat. Oder einen Garten, den er angelegt hat. Irgendetwas, das deine Hand anrührte, sodass deine Seele eine Bleibe hat, wenn du stirbst, und wenn die Leute den Baum oder die Blume, die du gepflanzt hast, anschauen, dann bist du da.

Ganz gleich, was man tut, meinte er, solange man etwas von seinem eigenen Wesen in irgendetwas hineinsteckt. Darin liegt der Unterschied zwischen einem, der bloß den Rasen mäht, und einem wirklichen Gärtner. Der Rasenmäher könnte ebenso gut gar nicht dagewesen sein; der Gärtner wird ein Leben lang da sein.”
~ Ray Bradbury, Fahrenheit 451

Was haben die folgenden Menschen gemeinsam?
— *Warren Buffet*
— *Bill Gates*
— *Gloria Vanderbilt*
— *Sting*
— *George Lucas*
— *Mark Zuckerberg*
— *Elton John*

— *Andrew Lloyd Webber*
— *Simon Cowell*
— *Jackie Chan*

Natürlich sind alle von ihnen berühmt und sagenhaft wohlhabend. Drei von ihnen gehören zu den zehn reichsten Menschen der Welt. Aber sie unterscheiden sich noch in einem anderen wichtigen Punkt. Keiner von ihnen vererbt sein gesamtes Vermögen an seine Kinder. Der Durchschnittsmensch denkt daran, dass er stirbt und seinen Kindern zumindest eine ansehnliche Lebensversicherung hinterlässt, von der sie zehren können. Andere arbeiten fleißig daran, ihre Häuser und andere Schulden abzubezahlen, damit ihr Vermögen robust genug ist, um ihren Kindern einen guten Start ins Leben zu ermöglichen. Manche geben sogar zu, dass sie nicht wollen, dass ihre Kinder sich so abmühen, wie sie es selbst mussten.

Solchen Menschen ist nicht bewusst, dass sie ihren Kindern mit ihrem Wunsch, ihnen Gutes zu tun, vielleicht sogar schaden.

Kindern große Geldsummen zu vererben, ist vielleicht eines der schlimmsten Dinge, die Eltern tun können. Ein Leben auf großem Fuß mit dem Einkommen der Eltern kann schon lähmend genug für das Gefühl der Selbstständigkeit und den Antrieb eines Kindes sein. Aber wenn die Eltern sterben und dem Kind große Geldsummen hinterlassen, kann dies der Sargnagel für seine Motivation sein.

Lynn Chen-Zhang erinnert sich mit Schrecken an den Tag, an dem sein Sohn nach Hause kam und verkündete, er habe keine Lust zu lernen oder für gute Noten zu arbeiten. Er meinte, sein Klassenkamerad habe festgestellt, dass Chen-Zhang ein wohlhabender Geschäftsinhaber sei, so dass sein Sohn für den Rest seines Lebens versorgt sein würde. Warum sollte er sich also darum bemühen, seinen Abschluss als Klassenbester zu machen, auf ein Elite-College zu gehen und einen gutbezahlten Job zu bekommen? Sein Erbe würde mit Sicherheit alles in den Schatten stellen, was selbst eine Führungsposition ihm einbringen könnte.

Chen-Zhang beschloss, sein Vorhaben, sein gesamtes Vermögen an seine beiden Jungen zu vererben, zu überdenken. Er ließ sie wissen, dass er sich für den Rest ihrer Kindheit um sie kümmern und ihnen die beste Ausbildung finanzieren würde, die man mit Geld kaufen kann. Danach wären seine Jungs allerdings auf sich allein gestellt. Plötzlich nahmen sie ihre Ausbildung ernst. Zehn Jahre später haben beide das College abgeschlossen und arbeiten in der Finanzbranche, um ihr eigenes Geld zu verdienen.

Viele wohlhabende Menschen teilen die Meinung von Chen-Zhang, was das Vererben von Vermögen an ihre Kinder angeht. Warren Buffet hat ein Nettovermögen von mehr als 100 Milliarden Dollar. Aber beim Thema, seine Milliarden seinen Kindern zu hinterlassen, bleibt er unnachgiebig.

„Ich halte nichts von familiärem Reichtum, vor allem, wenn es sechs Milliarden anderen Menschen im Leben viel schlechter geht als uns. Sie kennen schon längst meine Ansichten über vererbten Reichtum, und sie sind derselben Meinung. Sie haben Geld, von dem die meisten Menschen träumen."

~ Warren Buffet

***

Er hat beschlossen, 85 Prozent seines Vermögens für wohltätige Zwecke zu hinterlassen. Nur 15 Prozent werden an seine Kinder vererbt. Ja, 15 Prozent aufgeteilt auf drei Kinder ist immer noch eine ordentliche Summe.

Bill Gates hat sich stark von Buffets Entscheidung beeinflussen lassen und hinterlässt seinen Kindern noch weniger. Sie werden mit weniger als 1 Prozent des Vermögens ihres berühmten Vaters auskommen müssen. Jedes erhält 10 Millionen Dollar.

„Ich glaube fest daran, dass man seinen Kindern keinen Gefallen tut, wenn man ihnen riesige Geldbeträge hinterlässt. Warren Buffett schrieb 1986 in einem Artikel in Fortune darüber, bevor ich ihn kennenlernte, und das brachte mich zum Nachdenken und zu dem Schluss, dass er Recht hatte."

***

Star Wars-Schöpfer George Lucas gehört auch zum Club der Personen, die wenig vererben. Er ist 6,5 Milliarden Dollar wert. Im Rahmen der Giving-Pledge-Kampagne verpflichten sich reiche Menschen, den Großteil ihres Vermögens für wohltätige Zwecke zu spenden. Facebook-CEO Zuckerberg will das Erbe seiner Kinder sogar noch stärker reduzieren, indem er verspricht, 99 Prozent seines Vermögens zu spenden und das verbleibende eine Prozent, also eine Milliarde Dollar, seinen Kindern zu überlassen.

Der Rockstar Sting hat sich zu seiner Entscheidung geäußert, das Erbe seiner Kinder zu kürzen. Obwohl er 300

Millionen Dollar schwer ist, wird nicht alles an seine Kinder gehen. Folgendes sagte er gegenüber der Daily Mail:

„Ich habe ihnen gesagt, dass nicht viel Geld übrig bleiben wird, weil wir es ausgeben werden! Wir haben eine Menge Verpflichtungen. Was reinkommt, geben wir aus, und es bleibt nicht viel übrig. Ich möchte ihnen auf keinen Fall Treuhandfonds hinterlassen, die ihnen wie ein Klotz am Bein hängen. Sie müssen arbeiten."

***

Der Kampfsportler und Filmstar Jackie Chan erklärt, warum es wichtig ist, Kinder für ihr eigenes Geld arbeiten zu lassen, anstatt von der Großzügigkeit ihrer Eltern zu leben. Er spendet 50 Prozent seines 350-Millionen-Dollar-Vermögens für wohltätige Zwecke und plant, den Rest zu Lebzeiten auszugeben und seinen Kindern nichts zu vererben:

„Wenn [sie] tüchtig sind, können [sie] ihr eigenes Geld verdienen. Wenn [sie] nicht tüchtig sind, verschwenden [sie] bloß mein Geld."

***

Der berühmte Richter Simon Cowell möchte nichts tun, was die Fähigkeit seiner Kinder behindert, selbst Geld zu verdienen. In einem Interview mit dem „Mirror" verriet er, was er mit seinem halben Milliarden-Dollar-Vermögen vorhat:

> *„Ich werde mein Geld jemandem vermachen. Wahrscheinlich einer Wohltätigkeitsorganisation – Kindern und Hunden. Ich halte nichts davon, [Reichtum] von einer Generation zur nächsten weiterzugeben."*

***

Der britische Superstar, Sänger und Songwriter hat ein Nettovermögen, das sich einer halben Milliarde Dollar nähert. Während er sich um seine beiden Söhne kümmert, werden sie nicht den Großteil davon ausgeben. Er teilte seine Gedanken auch mit dem Mirror:

> *„Natürlich möchte ich meine Jungs finanziell gut versorgt zurücklassen. Aber es ist schrecklich, Kindern einen silbernen Löffel in die Hand zu geben. Das verdirbt ihr Leben. Die Jungs führen ein fantastisches Leben; sie sind keine normalen Kinder, und ich behaupte auch nicht, dass sie das sind. Aber sie brauchen einen gewissen Anschein von Normalität, etwas Respekt vor Geld und vor der Arbeit."*

***

Anderson Cooper vom Sender CNN gab zu, dass seine berühmte Mutter, Gloria Vanderbilt, ihm kein Geld vererbt hat. Er musste sich sein eigenes verdienen, was ihm mit seinem 12-Millionen-Dollar-Jahresvertrag bei CNN auch gelungen ist. Auch der Komponist des Phantoms der Oper, Andrew Lloyd Webber, wird seinen fünf Kindern nur einen Bruchteil seines mehr als eine Milliarde Dollar schweren Vermögens hinterlassen.

Warum unterstützen diese superreichen Menschen dieses Vorgehen, Kindern keine großen Geldsummen zu vererben? Es scheint klar zu sein, dass sie die Arbeitsmoral, die sie sich selbst hart erarbeitet haben, zu schätzen gelernt haben. Es macht Freude, sich durch ein Problem zu kämpfen und auf der anderen Seite wieder herauszukommen. Wenn es sich bei dem Problem um Armut handelt, hat die Arbeit daran große Auswirkungen auf die Zukunft. Jemand, der sich aus der Armut hochgearbeitet hat, hat die Gewissheit, dass er, wenn er alles verloren hat, es auch wieder schaffen kann. Das vermittelt ein gewisses Gefühl der Sicherheit, das ein Leben lang anhält. Aber das ist noch nicht alles.

Wir leben in einer Gesellschaft, in der Selbstachtung ein seltenes Gut ist. Ruhm kann auch durch weniger herausragende Leistungen erlangt werden. Jemand, der YouTube-Inhalte erstellt, ist ziemlich reich geworden, indem er Videos von sich beim Schlafen aufgenommen hat. Man könnte vermuten, dass niemand daran Interesse hat, einem Fremden beim Schlafen zuzusehen. Aber dieser Kanal hat 65.000 Abonnenten, und sein zehnstündiges Schlafvideo wurde zehn Millionen Mal angesehen. Ein anderer Kanal zeigt eine Frau, die Müsli isst. Das war's. Sie isst einfach nur Müsli. Er hat fast 2 Millionen Aufrufe und 9 Millionen Abonnenten. Das mag einen zum Schmunzeln bringen oder die Befürchtung wecken, dass wir uns in einer Krise des Selbstwertgefühls und der Selbstachtung befinden.

Wenn jemand eine Videokamera aufstellen und 5.000 Dollar damit verdienen kann, dass er sich beim Schlafen aufnimmt, fragt man sich, wie die Zukunft dieser Person aussehen wird.

Leicht verdientes Geld bringt die Erwartung mit sich, dass auch die nächste Welle an Einkommen genauso mühelos sein wird. Das kann zu einem sorglosen Verhalten beim Ausgeben und Sparen führen, das nur schwer zu überwinden ist.

Nehmen wir zum Beispiel Lottogewinner. Was gibt es Aufregenderes, als zur richtigen Zeit und am richtigen Ort ein Lotterielos mit den richtigen Zahlen oder Rubbelfeldern zu kaufen, mit denen man für den Einsatz von ein paar Dollar riesige Geldsummen gewinnt? Aber laut der National Endowment for Financial Education haben siebzig Prozent der Lotteriegewinner innerhalb weniger Jahre jeden Penny verloren. Dreiunddreißig Prozent dieser Gruppe geht es sogar noch schlechter: Sie verlieren ihren Gewinn und alles andere Geld, welches sie besaßen, sodass sie Konkurs anmelden müssen.

Dieses Phänomen bestätigt die Behauptung reicher Menschen, dass ein unerwarteter Geldsegen nicht alle Probleme eines armen Menschen lösen kann. Nur das Ringen darum, reich zu werden, hat einen gewissen Wert. Manche haben das Glück, nur ihr Geld zu verlieren. Viele verlieren ihr Leben, weil Kriminelle und (wahrscheinlicher) Bekannte und Familienmitglieder sie umbringen, um ihnen ihr neu erworbenes Vermögen abzunehmen. Lotteriegewinner haben weder das Wissen noch die Zeit, sich mit den Feinheiten des Reichtums vertraut zu machen, wie zum Beispiel, wie sie sich körperlich und finanziell schützen können. Wie ein Zitat auf woover.com besagt: „Wer nicht im Lotto gewinnt, kann sich glücklich schätzen. Ihnen ist die Gabe gegeben, zu kämpfen."

Zum Wohlstand gehört viel mehr als zusätzliche Nullen auf dem Bankkonto. Es gibt Fragen im Zusammenhang mit Steuern, Sicherheit, der Gütergemeinschaft (wenn man verheiratet ist), Investitionen, Stiftungen, Erbschaften, und so weiter. Die Liste lässt sich endlos fortsetzen.

Unsere Persönlichkeit setzt sich aus unseren Gedanken, Entscheidungen, Handlungen, Überzeugungen und unserem Gefühlszustand zusammen. Jemand, der zum Beispiel glaubt, dass die Welt ungerecht oder feindselig ist und dass alle Menschen egoistisch und gefährlich sind, wird Entscheidungen treffen, die diese Überzeugung widerspiegeln. Er wird sich in Situationen und Umgebungen begeben, die die Welt reflektieren, die er zu sehen erwartet.

In einer anonymen Zuschrift berichtete eine Frau, dass jedes Mal, wenn sie ins Theater ging, die Person hinter ihr gegen die Rückenlehne ihres Stuhls getreten hatte. Die Frau erzählte, dass dies immer wieder passierte, ohne Ausnahme. Später wurde ihr klar, dass ihr System an Glaubenssätzen dieses negative, sich wiederholende Ereignis anzog.

Wir bekommen die Welt, die wir zu bekommen erwarten. Aber das ist eine gute Nachricht, wenn man erkennt, dass eine Veränderung des eigenen Glaubenssystems ein positiveres Ergebnis anziehen kann. Denke daran, dass das Universum danach strebt, das zu bestätigen, was du glaubst.

Umgekehrt wird jemand, dessen Geisteshaltung mitfühlend, dankbar und kreativ ist, Erfahrungen machen, die lebensbejahend, großzügig und bereichernd sind. Er wird feststellen, dass er Gefühle und Erfahrungen erfährt, die mit seinen positiven Gedanken übereinstimmen. Sein Leben richtet sich nach dem Guten, von dem er glaubt, dass es in der Welt existiert.

Ich kann dir sagen, dass die Welt ein wundervoller, schöner und magischer Ort ist. Ich war schon überall auf der Welt und habe einige der außergewöhnlichsten Sehenswürdigkeiten auf dem Globus gesehen. Trotz der Probleme, mit denen wir politisch, wirtschaftlich und gesellschaftlich konfrontiert sind, ändert das nichts an der Tatsache, dass die Welt wunderbar ist und von freundlichen und liebevollen Menschen bevölkert wird.

Manche Menschen, die in der Vergangenheit leben, versuchen, in der Gegenwart das zu verwirklichen, womit sie aufgrund der unruhigen Vergangenheit rechnen. Aber in der Gegenwart zu leben und von der Zukunft zu träumen, kann dir helfen, ein ganz neues Leben zu schaffen. Die Veränderung deiner Persönlichkeit ist der Kern dieses neuen Du. Du musst einfach Klarheit darüber erlangen, wer du sein willst und wie du leben willst. Dann kannst du dein Leben mit anderen teilen, mit der Freude zu wissen, dass du jedem Leben, mit dem du in Berührung kommst, einen Mehrwert verleihst. Das ist das schönste Vermächtnis, das wir geben, verbreiten und hinterlassen können, wenn unsere Zeit in der materiellen Welt vorbei ist.

Wünschst du dir eine enge und liebevolle Beziehung zu deinem Ehepartner? Sehnst du dich nach einer besseren Verbindung zu deinen Kindern oder deinen Freunden? Willst du mehr aufregende Erlebnisse haben? Mehr reisen? Eine Wohltätigkeitsorganisation unterstützen, die etwas in der

Welt bewegt? Dein Leben wird mit deinem Glaubenssystem in Einklang gebracht. Das Universum wird dir mehr von dem geben, was du erwartest.

Dein Vermächtnis besteht aus mehr als nur Geld, Häusern, Aktien oder persönlichen Besitztümern. Das alles lässt sich gut hinterlassen. Aber dein wahres Erbe ist das Vermächtnis der Gedanken, der Liebe und der persönlichen Stärke. Dieses Vermächtnis entsteht, wenn du eine brandneue Version von dir selbst erschaffst.

Das ist keine lästige Pflicht. Es kann ein Werk der Liebe sein – der Selbstliebe. Und es kann Spaß machen. Gönne dir ein schwarzes Notizbuch und eine Tasse Kaffee. Setz dich allein in ein Kaffeehaus und erschaffe den Avatar von dir selbst. Das kann so einfach sein wie ein Strichmännchen. Du kannst auch eine App oder eine Website wie avatarmaker.com benutzen. Dann frage dich:

- Welche Entscheidungen würde diese Person treffen?
- Welche Handlungen wird diese Person setzen?
- Welche Überzeugungen hat diese Person über die Welt, in der sie lebt?
- Wie fühlt es sich an, sie oder er zu sein?
- Wo arbeitet diese Person?
- Was macht sie oder er gerne zum Spaß?
- Wen liebt sie oder er?

Du kannst jede Frage stellen, die du willst. Die wichtigste Frage ist jedoch: „Wie beeinflusst diese Person die Welt?" Das ist dein Vermächtnis.

Jetzt ist es an der Zeit, dein neues Ich zu verkörpern. Wann immer du dich in alten Denk- und Gefühlsmustern ertappst, halte inne und kehre zu deinem Avatar zurück. Deshalb ist es wichtig, ein Bild von dir zu haben. Wenn du es sehen kannst, kannst du es auch werden. Um dein neues Ich zu vollenden, musst du es mit der Zeit wiederholen. Du bist, was du wiederholt tust. Bleib also dran, bis es für dich zur zweiten Natur wird.

Je länger wir mit diesem neuen Ausdruck unseres Selbst verbunden sind, desto mehr erkennen wir die Schönheit unseres Lebens und die vielen Gaben, die wir zu bieten haben, auch wenn es Höhen und Tiefen, Kummer und Schmerz gibt. All das kann das Geschenk, das du selbst bist, nicht überschatten.

Ich bin auf Kurs geblieben und habe mir das Leben meiner Träume aus Verantwortungsbewusstsein geschaffen, weil ich eine zweite Chance bekommen habe. Ich hätte eigentlich orientierungslos sein müssen und Angst haben müssen, andere zu lieben und mit ihnen in Kontakt zu treten. Aber ich war in der Lage, mich zu überwinden und den Mut zu finden, dieses Leben für mich zu schaffen. Einige der Kinder aus dem Waisenhaus haben ein verheerendes Leben hinter sich. Nur indem ich einen starken Willen entwickelte, konnte ich dem gleichen Schicksal entgehen.

Ich richtete mich auf die zukünftige Version meiner selbst aus, von der ich träumte. Durch harte Arbeit bin ich dann in dieses zukünftige Ich hineingewachsen. Ich glaube fest daran, dass du stark genug, schön genug und kreativ genug bist, um alles zu schaffen, wovon du jemals geträumt hast und noch mehr.

Liebe dich selbst. Vertraue dir selbst. Und schenke dich der Welt, damit du sie zum Besseren verändern kannst, eine winzige Geste nach der anderen. Wenn mehr Menschen sich aus der eigenen Gefangenschaft ihrer dunklen Vergangenheit befreien und die Schönheit in der Dunkelheit entdecken, können wir eine weltweite Gemeinschaft aufbauen, die auf Zusammenarbeit, Verständnis, Mitgefühl, Ausdruck und Gleichheit beruht.

Was für eine bessere Welt könnten wir der nächsten Generation hinterlassen und was für ein unglaubliches Gefühl ist es, zu wissen, dass du deinen Teil zur Weiterentwicklung des menschlichen Bewusstseins und zur Entfaltung der Menschheit beigetragen hast?

Struggles

My-mindguide.com

Kapitel 4

Die Glückseligkeit des Strebens

„Je schwerer der Kampf, desto ehrenvoller der Triumph. Was wir zu mühelos erhalten, sehen wir als zu gering an: Erst der hohe Preis gibt jedem Ding seinen Wert. Ich schätze den Mann, der unter Schwierigkeiten lächeln kann, der durch Leid stark wird und durch Nachdenken mutig."
~ Thomas Paine

Eine US-amerikanische Vorschullehrerin hielt es für eine großartige Idee, für ihre vier- und fünfjährigen Schüler ein Terrarium mit Schmetterlingen zu kaufen. Begeistert bestellte sie den Bausatz und wartete ungeduldig darauf, dass die lebenden Raupen und das Terrarium für die Schmetterlinge per Post eintreffen würden. Endlich war der Tag gekommen. Nach einer kurzen Unterrichtsstunde über den Lebenszyklus der Tiere baute sie die Anlage mit ihren Schülern auf und ließ die Raupen aus ihrer kleinen Schachtel frei. Die Kinder kümmerten sich jeden Tag um die Raupen und sorgten dafür, dass sie genügend Blätter zu fressen bekamen. Sie tröpfelten Wasser auf ihre Körper, um sie mit Flüssigkeit zu versorgen.

Langsam aber sicher begannen die Raupen, auf den langen Zweig zu klettern, der dem Bausatz beigefügt war. Dort hingen die Insekten, bis sie vollständig in ihren Kokons eingeschlossen waren. Sechs fette kleine Bündel hingen am Baum, während die Raupen darin ihre Verwandlung vollzogen.

Eines Nachmittags, nach einer kurzen Unterrichtsstunde darüber, dass die Raupen bald als Schmetterlinge aus ihren Kokons schlüpfen würden, ließ die Lehrerin die Kinder selbstständig spielen. Die Kinder konnten sich jede beliebige Tätigkeit im Klassenzimmer aussuchen, von Malen über Bauklötze bis hin zu Büchern. Aber die meisten waren nur daran interessiert, ihre Raupen zu besuchen. Die Lehrerin lächelte bei dem Anblick der Kinder, die sich um das Terrarium drängten. Nach einiger Zeit wurde sie allerdings beunruhigt darüber, wie lange die Kinder sich dort aufhielten. Die Lehrerin schaute hinüber und sah, dass die Tür zum Terrarium offen war und mehrere kleine Hände und Arme hineingriffen. Die Lehrerin eilte herbei, um einzugreifen, aber es war zu spät. Die Kinder hatten fünf der sechs Kokons auseinandergerissen, um den Schmetterlingen zu helfen, sich zu befreien.

Der Gesichtsausdruck der Lehrerin verdüsterte sich, so dass ein Schüler sie fragte, was los sei. Behutsam erklärte sie den Kindern, dass die fünf Raupen, denen die Schüler „geholfen" hatten, sich zu befreien, bald sterben würden. „Warum?", riefen die Kinder entsetzt. Die Lehrerin erklärte, dass der Kampf, sich aus dem Kokon zu befreien, für die Zukunft des Schmetterlings entscheidend sei. Während er sich gegen die Fesseln des Kokons stemmt, würden seine Flügel mit Blut versorgt und für die Herausforderung des Fliegens gestärkt. Wenn der Schmetterling schlüpft, fliegt er außerdem nicht sofort los. Er braucht Zeit, um am Zweig zu hängen, seine

Flügel zu trocknen und den Flügelschlag zu üben. Aber indem sie den unentwickelten Schmetterlingen geholfen hatten, hatten die Kinder ihnen diesen für das Fliegen notwendigen Kraftakt vorenthalten.

Der letzte Schmetterling, der unversehrt geblieben war, wurde für die Kinder ein Beispiel für das Glück der Anstrengung. Die Kinder konnten ihm dabei zusehen, wie er ein Körperteil nach dem anderen durch die winzigen Löcher stach, die er geschaffen hatte. Sie ließen die Finger von dem letzten Schmetterling und erlaubten ihm, sich aus dem Kokon heraus zu kämpfen und seine letzten Tage auf dem Zweig zu verbringen, um sich auf die nächste Lebensphase vorzubereiten.

Dann kam der Tag, an dem der einsame, siegreiche Schmetterling freigelassen wurde, der es geschafft hatte, ein Klassenzimmer voller Jugendlicher zu überleben. Es war ein großes und glanzvolles Ereignis, an dem Schüler, Lehrer und Eltern gleichermaßen teilnahmen. Dieser eine kleine Schmetterling hatte allen in der Gemeinschaft den Wert des Ringens vor Augen geführt. Dank seines Kämpfens konnte er sich vom Ast lösen und sich dem Wind entgegenstellen. Während seine Artgenossen tot auf den Boden des Geheges gefallen waren, konnte er dank seiner Anstrengungen endlich frei fliegen.

Menschen können von diesem Insekt eine Menge lernen. Die USA, Kanada und andere Länder erheben oft hohe Steuern, um Milliarden von Dollar für Wohnprojekte zu verwenden, die die Einkommensungleichheit beseitigen sollen. In den USA zum Beispiel werden große Wohnsiedlungen entweder als Einfamilienhäuser oder als Hochhäuser mit Wohnungen errichtet. Die Idee ist genial. Die Bereitstellung von Wohnraum für die Armen zu geringen oder gar keinen Kosten ermöglicht es ihnen, ihr Geld zu sparen, um sich ein eigenes Haus leisten zu können. Aber in der Praxis gelingt das nur selten. Die Menschen, die dort leben, beklagen sich über schlechte Wartungsmaßnahmen, unwirksame Schädlingsbekämpfung und mangelnde Sicherheit. Diese Wohngemeinschaften werden schnell zu einem Hort von Drogen, Kriminalität und Prostitution. Die Bewohner fühlen sich wie in einem Kriegsgebiet und verwenden ihre ganze Energie darauf, am Leben zu bleiben und ihre Familien in Sicherheit zu bringen. Nur wenige schaffen es jemals, in das Paradies der Eigenheimbesitzer zu kommen. Da sie nicht in der Lage sind, für sich selbst zu sorgen und auf den Kauf eines Hauses hinzuarbeiten, bleiben sie ein Leben lang im Teufelskreis von Sozialwohnungen gefangen. Das Programm ist von vornherein ein Fehlschlag, denn die Bewohner müssen arm sein, um in das Programm aufgenommen zu werden. Sobald sie aufgenommen sind, wird ihr Einkommen jährlich überprüft. Wenn festgestellt wird, dass die Bewohner mehr als eine bestimmte Summe verdienen, verlieren sie ihren Wohnberechtigungsschein und machen damit den Zweck des Programms zunichte.

Im Gegensatz dazu könnte sich eine andere Familie dafür entscheiden, die staatliche Hilfe abzulehnen und als Familie gemeinsam auf ein Ziel hinzuarbeiten: genug für eine Anzahlung auf ein neues Haus zu sparen. Es kann drei, fünf oder zehn Jahre dauern, bis sie genug Geld haben, um ihr Haus zu kaufen. Aber es gibt keine Beschränkungen für das Einkommen. Man verdient so viel wie möglich, weil man weiß, dass jeder Dollar einen dem Ziel näher bringt. An dem Tag, an dem sie ihr neues Haus aufschließen, sind sie von dem Gefühl des Erfolgs überwältigt. Sie sind gestärkt, um größere und bessere Ziele anzustreben, weil sie sich selbst bewiesen haben, dass sie es schaffen können.

Dies soll keineswegs ein politischer Kommentar zu Sozialprogrammen sein. Es ist einfach ein Beispiel dafür, wie wohltuend es ist, für ein Ziel zu kämpfen, anstatt dieses Ziel wie eine Halloween-Süßigkeit ausgehändigt zu bekommen. Es geht darum, dass die Herausforderungen, mit denen wir konfrontiert sind, ein wichtiges Instrument für unseren Erfolg sind, weil wir in der Lage sind, uns aus schwierigen Situationen zu befreien.

Es heißt, wenn man einem Menschen einen Fisch gibt, hat er einen Tag lang zu essen. Lehrt man ihn hingegen zu fischen, hat er ein Leben lang zu essen. Das ist zwar ein schönes Sprichwort, aber man sollte nicht außer Acht lassen, dass es ziemlich schwierig ist, das Fischen zu lernen. Fischen braucht Zeit. Fischen erfordert Geschicklichkeit. Zum Fischen braucht man einen Köder. Und selbst wenn man den Fisch gefangen hat, ist es noch nicht getan. Man muss ihn schuppen, ausnehmen und zubereiten. Fischen zu lernen ist wie alles andere Nützliche: Es erfordert Anstrengung. Aber die Belohnung ist dauerhafte Unabhängigkeit und ein Erfolgserlebnis, das man mit Geld nicht kaufen kann.

Kapitel 5

Ein holpriger Start

„Es gibt verschiedene Arten von Dunkelheit", sagte Rhys. Ich hielt meine Augen geschlossen. „Da ist die Dunkelheit, die Angst macht, die Dunkelheit, die tröstet, und die Dunkelheit, die Frieden bringt." Ich stellte mir vor, was er da beschrieb. „Da ist die Dunkelheit der Liebenden und die Dunkelheit der Mörder. Sie wird zu dem, wozu der Schöpfer sie macht, was er von ihr braucht. Die Dunkelheit selbst ist nie gut oder schlecht."
~ Sarah J. Maas, Das Reich der Sieben Höfe – Flammen und Finsternis

Wo man beginnt, gibt keinen Hinweis darauf, wo man am Ende ankommt. Egal, ob es sich um eine Person, ein Unternehmen oder ein Land handelt, ein holpriger Start kann genau das Richtige sein, um ein glänzendes Ende zu garantieren. Wenn man mit einem Rückstand beginnt, arbeiten Menschen und Unternehmen oft härter und länger. Sie wissen, dass sie hinter den Erwartungen zurückgeblieben sind. Also geben diese Menschen alles, um den Rückstand aufzuholen. Und manchmal führen sie am Ende das Feld an.

Leonardo DiCaprio
Leonardo DiCaprio ist ein Oscar-gekrönter Schauspieler, der in zahlreichen Filmen mitgespielt hat, die insgesamt mehr

als 7 Milliarden Dollar eingespielt haben und ihn seit vielen Jahren zu einem der umsatzstärksten Schauspieler machen. Für eine Hauptrolle in einem Film kann er 25 Millionen Dollar verlangen. Wenn er mit den Dreharbeiten fertig ist, zieht er sich in sein Multimillionen-Dollar-Haus zurück. Ihm gehört sogar eine Insel.

Trotz seines Erfolges und seines Ruhmes scheint er von den Eigenheiten Hollywoods unberührt geblieben zu sein. Für Schauspieler, Produzenten und Regisseure ist es ein Vergnügen, mit ihm zu arbeiten. Er behält den Kopf außerhalb des Wolkenkuckucksheims und steht mit beiden Beinen fest im Leben, während er die unterschiedlichsten Rollen übernehmen kann, vom sagenhaft reichen *Wolf of Wall Street* bis zum verarmten Jack Dawson in *Titanic*.

Seinen Erfolg beim Film, seine Vielseitigkeit als Schauspieler und sein bodenständiges Auftreten verdankt er vor allem einer Sache: Er wuchs in armen Verhältnissen auf. Als Kind, das Mitte der 1970-er Jahre in Los Angeles aufwuchs, hatte seine Familie mit finanziellen Schwierigkeiten zu kämpfen. Sie zogen in der Stadt von Ort zu Ort. Doch egal, wo sie landeten, auf den Straßen gab es immer Prostitution und Drogen. Fast wäre DiCaprio auf der Straße gelandet, als er die High School vor seinem Abschlussjahr abbrach.

FedEx

Wir alle kennen FedEx als einen globalen Versandriesen mit Milliarden von Dollar Umsatz. Aber nur wenige Menschen wissen, dass FedEx einen schweren Start hatte. Das Unternehmen kam schwungvoll aus den Startlöchern, wurde aber sofort von der Benzinkrise in den 1970-er Jahren getroffen. FedEx stand so knapp vor der Schließung, dass das Unternehmen nur noch 5.000 Dollar auf der Bank hatte.

Albert Einstein

Albert Einsteins Name ist ein Synonym für Genialität. Er hat die Welt der Wissenschaft und der Mathematik im Sturm erobert. Doch sein Start in der Schule war fast sein Todesurteil. Seine Lehrer fanden, dass er die anderen Schüler ablenkte und störte. Auf seinem Schulzeugnis stand „geistig träge". Einsteins Mutter holte ihn von der Schule, damit er zu Hause lernen konnte, und entdeckte dabei sein brillantes Gehirn und seine Leidenschaft für Wissen.

Walt Disney

Disney hatte einen Job als Zeichner, lange bevor er seine eigene Firma gründete. Der Besitzer der Firma feuerte ihn, weil es ihm „an Vorstellungskraft mangelte". Disney schuf später den wohl größten und bekanntesten Freizeitpark der Welt und die Figur der Mickey Mouse.

J. K. Rowling

J. K. war eine alleinerziehende Mutter, die staatliche Unterstützung erhielt. Ihre Mutter war gerade gestorben und sie hatte sich von ihrem Vater entfremdet. Sie saß im Zug, als ihr die Idee zu Harry Potter in den Sinn kam. Als sie Zuhause eintraf, fing Rowling sofort an, die Geschichte niederzuschreiben, denn sie hatte zu diesem Zeitpunkt nicht einmal einen Kugelschreiber dabei. Diese Geschichte wurde zu einem milliardenschweren Geschäft mit Filmen, Büchern und Themenparks.

Dolly Parton

Dolly hat die größten Bühnen der Welt erobert. Aber so hat es nicht angefangen. Die Country-Sängerin wuchs in einer alten Hütte tief in den Wäldern auf, deren Boden aus nichts als Erde bestand. Heute ist sie 500 Millionen Dollar reich.

Airbnb

Niemand war an dem jungen Unternehmen Airbnb interessiert, als es gegründet wurde. Mehrere Investoren aus dem Silicon Valley lehnten ab, als sie die Gelegenheit hatten, zu investieren. Wer würde dafür bezahlen, im Gästezimmer eines anderen zu schlafen, und wer würde Fremden erlauben, in seinem eigenen Haus zu übernachten? Für niemanden außer dem Unternehmensgründer, der in einer winzigen Wohnung lebte und sich von Müsli ernährte, erschien dies vernünftig. Aber als die ersten Zimmer erfolgreich vermittelt wurden, nahm die Idee Gestalt an und machte schließlich Milliardenumsätze.

Reddit

Als Reddit startete, war es ein solcher Flop, dass es nicht einen einzigen Besucher verzeichnen konnte. Um die Besucherzahlen anzukurbeln, erstellten die Gründer des Unternehmens Konten mit falschen Namen und begannen, untereinander zu posten, um der Seite etwas Schwung zu verleihen. Heute ist Reddit eine der beliebtesten Seiten im Internet.

Oprah

Ihr Name ist jedem ein Begriff und heute in jedem Winkel der Welt bekannt. Dabei begann das Leben der Talkshow-Moderatorin als Waisenkind in Mississippi. Sie wurde von ihrer Großmutter aufgenommen und in ihrer Kindheit vergewaltigt.

Oprah brachte ein Baby zur Welt, das starb. Als sie erklärte, sie wolle im Fernsehen auftreten, wurde Oprah von Leuten entmutigt, die sagten, sie sei nicht hübsch genug. Heute ist die Multimilliardärin Moderatorin einer der erfolgreichsten Fernsehsendungen der Geschichte.

Kapitel 6

Inventur machen

„Viererlei Dinge sind es, die der Geist mir umzäunt:
Trägheit, Sorge, der Feind und der Freund.

Viererlei Dinge hätte ich gerne vertrieben:
Neugier, Zweifel, Sommersprossen und Lieben.

Dreierlei Dinge werden in keinem Fall mein:
Eifersucht, Zufriedenheit, ausreichend Wein.

Doch dreierlei Dinge hab ich im Leben dabei:
Lachen und Hoffnung und ein Schuss Zauberei."
~ Dorothy Parker, Denn mein Herz ist frisch gebrochen: Gedichte

In einem beeindruckenden biblischen Text wird Moses, der Anführer des Volkes der Israeliten, damit beauftragt, mehr als eine Million Menschen aus Ägypten nach Kanaan zu bringen. Moses ist dieser Aufgabe nicht gewachsen. Er beschwert sich sofort über seine Schwächen:

- Ich bin zu alt.
- Ich bin kein guter Redner.
- Ich stottere.
- Ich habe Vorstrafen.

Alles, was Moses über sich selbst behauptete, stimmte. Er war im fortgeschrittenen Alter. Er hatte ein schlimmes Stottern, das ihn bisweilen schwer verständlich machte. Und er hatte einen ägyptischen Arbeiter ermordet, weil dieser einen israelitischen Sklaven ausgepeitscht hatte.

Jehova antwortet mit einer Frage und fragt Moses, welchen Gegenstand er da in seiner Hand hält. Ich kann mir vorstellen, dass Moses hinunterschaut und einen verwitterten Holzstab erblickt und sich fragt, was Gott damit meint. Sicherlich konnte ein umfunktionierter Ast, den Moses als Stab benutzte, nicht all seine Unzulänglichkeiten ausgleichen.

In unserer Welt gibt es eine Schaffenskrise, die dazu geführt hat, dass die Menschen nicht mehr in der Lage sind, von etwas Größerem zu träumen als der Wirklichkeit, in der sie gerade leben. Ich könnte darüber mutmaßen, was die Ursache für die Krise ist, die unsere Kreativität nahezu ausgelöscht hat. Ich könnte das Fernsehen, die Medien, die Technik usw. dafür verantwortlich machen. Aber das wäre nicht sinnvoll. Wie wir so weit gekommen sind, ist nicht so wichtig wie die Frage, wie es weitergeht.

Gehen wir einen Schritt zurück und erinnern wir uns an eine Zeit in unserem Leben, in der wir ausgesprochen kreativ waren. Man konnte in fast jedem Lebensbereich Spaß haben. Eine lange Autofahrt wurde zu einer Gelegenheit, die vorbeifahrenden Autos zu beobachten und die roten Autos zu zählen, während die Geschwister die blauen zählten. Und wenn man dann zum Sieger erklärt wurde, hat man sich gefreut! Vielleicht erinnerst du dich daran, wie du an deinem Geburtstag oder zu Weihnachten deine Geschenke geöffnet und mit jedem einzelnen gespielt hast. Anschließend nahmst du die Kartons und bautest eine kleine Stadt mit einem Gemischtwarenladen, einer Arztpraxis und einem Supermarkt. Deine Neuronen haben davei ständig gefunkt. Im Schlaf hast du von Dingen geträumt, die du noch nie zuvor gesehen hast, und deine Eltern haben sich gefragt, wie du davon träumen konntest. Du fandest so schnell Freunde, dass du dich innerhalb von Sekunden mit einem anderen Kind anfreunden konntest und gemeinsam ein Abenteuer erlebt hast. Dein Forscherdrang veranlasste dich, alles um dich herum zu erforschen, um herauszufinden, was es ist und wie es funktioniert.

Kreativität war dein Leben, und dein Leben bestand darin, kreativ zu sein. Und jetzt verrate mir ... wann hast du das verloren? Wann bist du so bieder und ernst geworden? Wann hat das Leben seinen Schwung und seinen Funken verloren und ist zu einer gefürchteten Gewohnheit geworden, die du Tag für Tag wiederholst? Wann wurde ein zweiwöchiger Urlaub zum Höhepunkt deines Jahres? Wann hast du das Wunder, die Fantasie und die Entdeckungen, die dir das Leben mit auf den Weg gegeben hat, gegen einen sicheren Job, ein Haus wie aus dem Bilderbuch und einen lächerlichen Geländewagen eingetauscht? Ich wette, du kennst das Datum nicht, denn dein kreatives Ich ist einen langsamen Tod gestorben und wurde nach und nach durch ein verantwortungsvolleres, aber weniger glückliches Du ersetzt.

Also liest du Bücher wie dieses in der Hoffnung, entweder auf Informationen oder auf Inspiration zu stoßen, die den Teufelskreis durchbrechen und deine Träume mit deiner

Wirklichkeit verbinden – irgendwann zwischen jetzt und dem Tod!

Ich hatte einen Vorteil, als ich diese Veränderung vorgenommen habe. Dass ich in Armut geboren wurde, war ein enormer Vorteil, denn dadurch war ich ganz unten und es gab nur wenige Möglichkeiten, nach oben zu kommen. Weiter nach unten zu rutschen, hätte Sucht, Obdachlosigkeit oder den Tod bedeutet. Diese Möglichkeiten habe ich verworfen. Ich schaute nach oben, bis ich wieder aufstehen konnte. Und ich nutzte meine Kreativität wie Moses' Stab, auf den ich mich stützen konnte.

Was hältst du in deiner Hand? Was hast du, woran du nicht gedacht hast, was du übersehen hast oder was du vernachlässigt hast? Wo liegt deine persönliche Magie?

Das Leben stellt eine entscheidende und sehr komplexe Frage, die wir zu beantworten versuchen: Wie lebe ich das beste aller Leben? Wie hole ich alles aus meinem Leben heraus, damit ich meine letzten Tage in Frieden verbringen kann, in dem Wissen, dass ich alles getan habe, was ich konnte?

Diese Frage stellen sich die Menschen seit Generationen selbst und anderen. Von den weisen Gurus bis hin zum Klempner von nebenan – wir alle versuchen, einen Sinn im Alltäglichen zu finden. Religionen suchen nach einer Antwort. Die Philosophie sucht nach Antworten. Sogar dein Friseur hat sich vielleicht schon daran versucht. Einige der Antworten, auf die wir stoßen, sind sogar ziemlich gut und scheinen sich fast wie die richtige Antwort anzufühlen.

Manche glauben, dass es im Leben nur darum geht, immer höhere Ziele zu erreichen. Sie glauben, dass uns das Gewöhnliche langweilt und wir eine Herausforderung brauchen, um uns sinnerfüllt und vollwertig zu fühlen. Diese Menschen meinen, dass wir die Momente unseres Lebens bestmöglich nutzen müssen, da wir ja sterblich sind und nur eine begrenzte Zeit auf dieser Erde zur Verfügung haben. Damit haben sie nicht unrecht. Das Sammeln von Erfahrungen kann und wird deinem Leben mehr Tiefe verleihen. Darüber werden wir in einem späteren Kapitel noch ausführlich sprechen.

Andere verwenden Begriffe wie „Finde deine Glückseligkeit". Sie behaupten, dass wir alle „mit einer strahlenden Aufgabe betraut" sind und diese eine Sache tun müssen. Im Leben gehe es darum, die wahre Berufung zu finden und herauszufinden, wie man dieser täglich gerecht werden könne. Sie sind der Meinung, dass wir nur dann frei und glücklich sein können, wenn wir diese einzigartige Berufung, die mit unserer Bestimmung verbunden ist, ausschöpfen. Ohne ein klares Ziel, so sagen sie, fühlt sich das Leben oberflächlich und bedeutungslos an. Ich würde dieser Meinung auch zustimmen. Es gibt tatsächlich keinen Ersatz für ein klares Ziel.

Andere sehen das jedoch aus einer ganz anderen Perspektive. Sie warnen vor der Gefahr, sich hohe Ziele zu setzen, die mit Geld, Geschäften oder Reisen zu tun haben, denn das könnte in eine Falle führen, in der das Leben zu einer Anhäufung von materiellen Besitztümern wird. Diese Menschen warnen den Gefahren, welche der Wunsch nach Ruhm, Erfolg, Reichtum und Abenteuer mit sich bringt. Nicht zuletzt besteht die Gefahr, dass wir so werden wie der Hamster im Rad des Lebens, der immer auf der Jagd ist und nie etwas erreicht. Als Lebensziel sehen diese Menschen die Suche nach dem inneren Frieden an, mit dem Ziel, ein Leben in Dankbarkeit zu führen. Sie würden uns raten, einfacher und langsamer zu leben, um all die Gaben zu genießen, die uns als Menschen gegeben wurden. Dieser Ansatz lautet: „Halte lange genug inne, um an den Rosen zu riechen."

Das wirft die Frage auf: Wer hat Recht? Die Antwort könnte lauten, dass alle auf ihre eigene Art und Weise Recht haben. Es geht nicht um ein „Entweder-oder", sondern um ein „Sowohl-als-auch".

Ich hatte in meinem Leben das Glück, viele Menschen zu treffen und viele Erfahrungen zu machen. Ich habe Menschen kennengelernt, die ihr persönliches Potenzial aufs Spiel gesetzt und viel verloren haben. Ich habe auch Menschen erlebt, die die höchsten Stufen der Leistung und des Erfolgs erreicht haben, nur um sich dann einzugestehen, dass sie sich verloren und leer fühlten. Ich habe das alles genau beobachtet, und bin zu dem Schluss gekommen: Menschen, die die Dunkelheit verstehen, kommen im Licht besser zurecht.

Ich will damit sagen, dass es schwer ist, aus privilegierten Verhältnissen zu kommen und trotzdem den Kick zu erleben, der sich einstellt, wenn man alle Hindernisse überwunden hat. Denn es gibt nur sehr wenige Widrigkeiten zu überwinden. Aber wenn jemand aus dem Nichts kommt oder alles verloren und wiedererlangt hat, dann weiß er das Leben besonders zu schätzen.

Die Unterschiede liegen nicht wirklich in der Herangehensweise an das Leben, sondern in der Perspektive jedes Einzelnen. Vielleicht hast du, wie ich, schon einmal ein Interview mit einer sehr erfolgreichen Person aus Sport, Politik, Unterhaltung oder anderen Bereichen angehört. Der Interviewer fragt oft: „Wie lautet das Geheimnis deines Erfolgs?" Vielleicht warst du besonders gespannt auf das, was die Person sagen würde, was für sie den Ausschlag gegeben hat. Aber dann war ihre Antwort schlicht, langweilig und völlig enttäuschend, fast so, als ob sie das Geheimnis ihres Erfolgs gar nicht kennen würde.

Als diese Person dann ihr großes „Geheimnis" preisgab, hast du dich vielleicht zurückgelehnt und gefragt: „Das war's?" Wenn man mir diese Frage heute stellen würde, wäre meine Antwort klar. Das Geheimnis meines Erfolgs ist mein Scheitern. Es waren die Todesstöße, die mir in den prägenden Jahren versetzt wurden. Die Teenagerjahre waren nicht viel besser. Es war wie ein ständiger Angriff, den ich über viele Jahre hinweg erlebte. Ich wurde so vernichtend geschlagen, dass es für mich nur noch aufwärts ging.

Vielleicht findest du das beunruhigend, enttäuschend oder demotivierend. Du fragst dich vielleicht, warum Leid und Anstrengungen ein Teil des Erfolgsgeheimnisses sind. Aber bitte erlaube mir, ein Umdenken herbeizuführen und dich aufzufordern, über die Möglichkeit nachzudenken, dass die Erfahrungen, die du am meisten verabscheust, diejenigen sind, die deinen Charakter geformt haben. Die Schwierigkeiten, über die du nicht gerne sprichst, sind es, die dich stark gemacht haben.

Vielleicht hast du schon einmal die interessante Geschichte von einem Mann gehört, der seine Heimat verließ, um Diamanten zu finden. Auf der Suche nach Diamanten reiste er jahrelang in und um Afrika herum. Er steckte seine gesamten Ersparnisse in diese Suche. Nach Jahren der Suche konnte er jedoch kein einziges Diamantenfeld ausfindig machen. Schließlich gab er auf und kehrte mutlos und niedergeschlagen nach Hause zurück. Er hatte gerade noch genug in der Tasche, um sein Flugticket zurück zu seiner bescheidenen Farm zu kaufen. Er beschloss, sein eigenes Land zu bestellen und Samen zu säen, um ausreichend Nahrung für sich selbst anzubauen. Er verbrachte den Rest seiner Tage mit der Verzweiflung darüber, dass er keine Diamanten finden konnte. Nach seinem Tod wurde sein Land verkauft. Die Person, die sein Land kaufte, grub nur ein paar Meter hinter dem kleinen Garten des Mannes und stieß auf Diamanten. Sie waren die ganze Zeit über bei ihm in seinem eigenen Garten gewesen.

Deine Geschichte von Schmerz, Verlust, Verlassenheit, Enttäuschung oder Versagen sind deine Diamanten. Sie sollten nicht versteckt werden. Du solltest anderen von ihnen erzählen. Durch unser Scheitern können wir uns mit denjenigen identifizieren, die versuchen, ihre Ziele zu erreichen.

Dieses Thema findet sich in jeder bedeutenden Literatur wieder, von den ersten gedruckten Büchern bis hin zu diesem Buch. Wenn wir die Literatur mit offenen Augen betrachten, müssen wir zugeben, dass es eigentlich keine neuen Geschichten gibt. Alle Geschichten sind im Grunde die gleichen. Sie beginnen alle gleich: Der Mensch ist auf der Suche, der Mensch trotzt den Gefahren, um sein Ziel zu erreichen, der Mensch stellt fest, dass das, was er sucht, nicht das ist, was er ursprünglich gesucht hat, und der Mensch entdeckt, dass er das, was er gesucht hat, bereits hat. Wir sehen das in Pinocchio, Aschenputtel und sogar in der Geschichte von der Suche der Juden nach dem Messias. Es war schon immer so und wird auch immer so sein, dass die Macht über Leben und Tod in greifbarer Nähe liegt – nur eben auf einem schmalen Grat. Das solltest du als gute Nachricht sehen. Es bedeutet, dass du keine Erlaubnis brauchst, um erfolgreich zu sein. Du musst nicht in Reichtum oder Adel hineingeboren werden. Du brauchst nicht einmal ein hohes Maß an Intelligenz oder Wissen. Dein Platz im Reichtum (wie auch immer du den nun definieren willst) ist bereits in deiner DNA verankert. Du musst dich nur auf die Reise machen, nicht in ein fremdes Land, sondern in deine eigene Seele und Psyche, um ihn zu finden.

Diese Reise ist immer noch ein wichtiger Teil dieses Prozesses. Alle Facetten der Reise sind wichtig, nicht nur das Happy End am Ende. Du musst in der Lage sein, zu erkennen und anzuerkennen, dass das, was du durchgemacht hast, einen Unterschied dazu macht, wo du heute bist. Es hat dich nicht gebrochen. Es hat dazu beigetragen, dich zu formen.

Hast du schon einmal geniale Menschen gesehen, die sich selbst für nicht so intelligent halten? Oder schöne Menschen, die denken, sie sähen durchschnittlich aus? Oder reiche Menschen, die behaupten, dass sie nicht viel Geld haben? Wir sind notorisch schlecht darin, unser Leben so genau zu erfassen, dass wir einschätzen können, was uns so einzigartig macht. Und oft sind wir von Menschen umgeben, die unsere besonderen Qualitäten zwar sehen, aber nie erwähnen oder uns gar wegen der Andersartigkeit auslachen. Dabei ist doch jeder Mensch anders. Wir sind einzigartig, schräg, skurril und sonderbar. Manche von uns können es nur besser unterdrücken als andere. Respekt vor den Verrückten!

Kapitel 7

Die Bequemlichkeitsfalle

*„Ich habe erkannt, dass ich mich gerade dann am stärksten erlebe,
wenn ich mich weit außerhalb meiner Komfortzone bewege. Dann sehe
und fühle ich am meisten, wer ich wirklich bin! Ich vermute, das ist
wie bei einem Kometen: Ein Komet wird in den äußeren Regionen des
Universums geboren! Aber erst, wenn er sich zu nahe an unsere Sonne
oder an andere Sterne heranwagt, lässt er seinen lodernden „Schweif"
los und schießt unverfroren durch den Himmel! Und Meteore werden in
unsere Atmosphäre gesaugt, bevor sie wie Feuerwerkskörper explodieren
und feststellen, dass sie Sternschnuppen sind! Deshalb gefällt es mir
so sehr, mich aus meiner Komfortzone herauszuwagen und mich ins
Unbekannte zu stürzen. Denn in diesen beängstigenden Momenten, bei
diesen unsicheren Schritten, kann ich erkennen, dass ich wie ein Komet
bin, der auf eine neue Atmosphäre trifft: Plötzlich leuchte ich prächtig
auf, und ich versprühe Feuerstaub! Ich entdecke ein Lächeln, von dem
ich nicht wusste, dass ich es habe, ich entdecke ein Gefühl, von dem
ich nicht wusste, dass ich es besitze ... Ich sehe mich selbst. Ich bin eine
Sternschnuppe. Ein Meteoritenschauer. Aber ich erlösche nicht ... wie ein
Komet ... ich komme einfach immer wieder zurück."*
~ C. JoyBell C.

Du hast wahrscheinlich ein gutes Leben, wenn man alles
in Betracht zieht. Wenn dein Einkommen dazu ausreicht,
um dieses Buch zu kaufen, gehörst du statistisch gesehen zu

den Millionen von uns, denen es vergleichsweise gut geht. Der Preis für dieses Buch reicht in manchen Kulturen aus, um eine Familie eine Woche lang zu ernähren. Die Tatsache, dass du keinen Düsenjet, keine Yacht von Blohm und Vass oder eine 40.000-Dollar-Rolex besitzt, ist also kein Gradmesser für deinen Wohlstand im weltweiten Vergleich. Laut der Credit Suisse bist du mit nur 4.000 Dollar an Geld oder Vermögen reicher als die Hälfte der Weltbevölkerung. Es macht Spaß, sich über das „eine Prozent" der Weltbevölkerung lustig zu machen. Aber abgesehen von deinem Reichtum gehörst du wahrscheinlich zu den zehn Prozent der Weltbevölkerung, die etwa fünfundachtzig Prozent des restlichen Vermögens besitzen. Aber das weißt du ja bereits, und diese Zahl hat dich vielleicht beeindruckt, als du sie zum ersten Mal gehört hast. Aber jetzt denkst du wahrscheinlich nicht mehr daran, während du die Bank anrufst, um das Limit deiner Kreditkarte zu erhöhen.

Es geht darum, dass die meisten von uns ziemlich bequem sind. Wir fühlen uns in der Regel unwohl, wenn wir versuchen, unseren Wohlstand oder unseren materiellen Besitz zu vergrößern. Das kann ich gut verstehen. Auch auf mich lauert die Falle der Bequemlichkeit. Ich wohne in einem schönen Haus und habe genug Geld, um lange über meinen Tod hinaus zu leben. Ich bin von einer liebevollen Familie und Freunden umgeben. Was kann man sich mehr wünschen? Bequemlichkeit scheint ein großes Ziel zu sein, das es zu erreichen gilt.

Ein altes Sprichwort nennt so etwas „alle Schäfchen im Trockenen haben" und meint damit den Zustand, in dem der Hirte genügend Schafe hat, um die nächste Saison zu beginnen.

Der Hirte hat es sich gemütlich gemacht, denn er weiß, dass er reichlich Wolle hat und einen stattlichen Gewinn erzielen wird. Genau in dieser Situation befinde ich mich in meinem Leben – eine sehr angenehme Situation. Sie ist weit entfernt von der tristen Kindheit, die ich am Anfang meines Lebens erlebt habe.

Aber alle „Schäfchen im Trockenen" zu haben, birgt auch einige gefährliche Begleiterscheinungen:

- Bequemlichkeit hemmt die Kreativität.
- Bequemlichkeit fördert die Faulheit.
- Bequemlichkeit wehrt sich gegen Herausforderungen

Du kennst die Geschichten von Schauspielern, die es bis nach Hollywood schaffen und dann kaum von ihrem Einkommen als Kellner leben können, während sie für eine Rolle nach der anderen vorsprechen. Oder vielleicht hast du die Geschichte eines Industriemagnaten gehört, der seine ersten Tage im Büro seiner Fabrik schlief, weil er sich seine Hypothek nicht mehr leisten konnte. Diese harten Anfänge rangen ihnen die Kreativität ab, die ihnen schließlich zum Erfolg verhalf.

Das erinnert mich an den Gründer und CEO von Alibaba. Er wurde in der Unterschicht Chinas geboren, und seine Eltern versuchten, sich als Musiker durchzuschlagen. Dann eröffnete KFC seine erste Filiale in China. Jack arbeitete hart dafür, Englisch zu lernen, indem er englischsprachigen Touristen kostenlose Touren durch China gab, um die Sprache einzuüben. Er bewarb sich für eine der dreiundzwanzig offenen Stellen. Vierundzwanzig Leute bewarben sich, aber er war der Einzige, dem keine Stelle angeboten wurde.

Er ging aufs College, um Englisch zu studieren, und arbeitete als Lehrer für 12 Dollar im Monat. Nach mehreren Versuchen, in Harvard aufgenommen zu werden, und ebenso vielen Ablehnungen, kam er in die USA, um Informatik zu studieren. Er überzeugte eine Gruppe von Freunden, in seine verrückte Idee eines Unternehmens zu investieren, das niedrige Preise für Qualitätswaren anbot. So wurde Alibaba geboren. Es hatte seinen Sitz in Jacks winziger Wohnung, wuchs aber zum größten Unternehmen in China und zu einem der größten der Welt heran.

Jetzt spule das Band zurück und stelle dir vor, was passiert wäre, wenn Jack sein Ziel, einen Job bei KFC zu bekommen, erreicht hätte. Er hätte mehr Geld verdient als jedes andere Kind seines Alters in seiner armen Gemeinde. Er hätte sich gefreut. Aber er wäre auch in ein mittelmäßiges Leben gelockt worden. Wäre er jedoch nicht gescheitert, hätte er sich nicht abmühen müssen und wäre er nicht abgewiesen worden, hätte er vielleicht gelernt, sich mit einem sicheren Leben zufrieden zu geben.

„Wir kämpfen weiter. Wir verändern uns ständig. Wir beschweren uns nicht. Gib niemals auf. Heute ist es schwer, morgen ist es noch schlimmer, aber übermorgen scheint wieder die Sonne."

~ Jack Ma

***

Wir glauben, dass wir uns nach Bequemlichkeit sehnen, aber wenn wir unser Leben mit maximaler Bequemlichkeit und ohne unüberwindbare Herausforderungen durchspielen würden, würden wir das Leben sterbenslangweilig finden. Es bricht uns das Herz, wenn wir in den Nachrichten Berichte über Brände, Überschwemmungen, Wirbelstürme und andere Katastrophen sehen. Wir weinen um die Toten und spenden für die Wohltätigkeitsorganisationen, die die Überlebenden unterstützen. In unserem Herzen wünschen wir uns jedoch, wir hätten ihnen die Tragödie ersparen können.

Aber stell dir vor, wenn du das könntest. Was würde dann passieren? In einer Welt, in der es keine Krankheiten, keinen Tod und keine Tragödien gäbe, wo wäre dann der Ort für Mitgefühl, Fürsorge und Hilfsbereitschaft? Was würde das Leben bieten, um unser Bedürfnis zu befriedigen, Probleme zu lösen? Wie würden wir unsere Anteilnahme und Fürsorge für andere zeigen?

Du kannst es an deinem eigenen Leben sehen. Die Ebbe und Flut von guten und schlechten Zeiten machen das Leben lebenswert. Ohne Widrigkeiten hast du das Gefühl, dass du nicht mehr lebst, und beginnst zu sterben. Das kannst du überprüfen, indem du dir überlegst, was in einem langen Urlaub oder in den Ferien passiert. Wenn du an deinem Urlaubsort ankommst, freust du dich darauf, dem Trubel zu entfliehen. Du bist froh, an einem Ort zu sein, an dem keine Pflichten auf dich warten und das Telefon nicht jede zweite Minute klingelt. Du schaltest deine Benachrichtigungen aus und lässt die Welt versuchen, ohne dich zu überleben.

Wenn die Tage jedoch länger werden, wird selbst die Freizeit zu einer lästigen Pflicht. Im Bett zu liegen und Filme zu schauen wird unerträglich. In den ersten Tagen ist es toll, als Tourist unterwegs zu sein, aber selbst das reicht nicht aus.

Du warst nie dazu bestimmt, auf der Stelle zu verharren. Du entwickelst und veränderst dich ständig. Entweder man entwickelt sich weiter oder man geht unter. Dazwischen gibt es wohl nicht viel.

Immer mehr Senioren entscheiden sich, nicht in den Ruhestand zu gehen. Manche brauchen das Geld. Aber eine wachsende Gruppe von Senioren entscheidet sich dafür, den Ruhestand zu überspringen, obwohl sie finanziell gut aufgestellt sind.

Rodney Brooks vom U.S. News and World Report erklärt diesen wachsenden Trend:

„Es ist nicht ungewöhnlich, dass Babyboomer bis weit in ihre 60-er, 70-er oder sogar 80-er Jahre hinein arbeiten ... Da sich die Gesundheitsversorgung und die Lebenserwartung weiter verbessert haben, können die Menschen im Ruhestand genauso lange arbeiten, wie sie zuvor im Erwerbsleben verbracht haben.

Das sind die wichtigsten Gründe, nicht in Rente zu gehen:

- *Erfüllung in der Arbeit in einem Unternehmen finden.*
- *Aufbessern der Rente.*
- *Weiterhin wohltätige Zwecke unterstützen.*
- *Beschäftigt und geistig fit bleiben.*

Clint Camua, stellvertretender Vorsitzender von EP Wealth Advisors in West Los Angeles, berichtet, dass eine seiner Kundinnen bis in ihre frühen 80-er Jahre in zwei verschiedenen

Jobs arbeitete, obwohl sie das Geld nicht brauchte. „Sie arbeitete als Assistentin eines Richters von 7 Uhr morgens bis 15 oder 16 Uhr nachmittags und ging dann zur Rennbahn, wo sie als Sicherheitskraft tätig war und eine Waffe trug."

Sandra McPeak, Geschäftsführerin des Bereichs Investments bei Wells Fargo Advisors, erklärt, dass viele Menschen einen ungewöhnlichen Weg in den Ruhestand einschlagen oder sogar gar nicht in Rente gehen. „Oft denkt man, wenn man in den Ruhestand geht, dass man alle Zeit der Welt hat. Die Leute denken, dass sie alles aufholen können", erläutert McPeak. „Aber nach einer Weile trommeln sie mit den Fingern. Sie fühlen sich ausgeschlossen. Sie fühlen sich nicht ausgelastet. Sie haben das Gefühl, keinen Beitrag zu leisten." Aber es gibt keinen Grund, einen Beruf aufzugeben, den man liebt, nur weil man ein bestimmtes Alter erreicht hat.

George Fraser, ein bekannter Redner, Autor und Experte für Networking, hat nie versucht, sich zur Ruhe zu setzen und hat auch nicht die Absicht, dies zu tun. „Ich genieße meine Arbeit mehr als meinen Urlaub. Ich bin nicht der Typ, der am Strand sitzt und chillt", sagt Fraser. „Ich sterbe entweder auf einem Podium oder an meinem Schreibtisch."

Fraser kann sich nicht vorstellen, in den Ruhestand zu gehen und hat keine engen Freunde, die in Rente sind. „Wenn es deine Gesundheit zulässt, solltest du nie in den Ruhestand gehen", erklärt Fraser. „Wenn dich deine Arbeit fesselt und begeistert, solltest du sie bis zu deinem letzten Atemzug ausüben. So bleibst du interessiert und mit dem Leben verbunden. So bleibst du neugierig."

***

Um der Bequemlichkeitsfalle zu entkommen, musst du dich dazu entschließen, dich auf eine Weise herauszufordern, wie du das noch nie getan hast. So wie ein Bodybuilder Muskeln aufbaut, indem er schwerere Gewichte hebt, musst du deine Muskeln trainieren. Ich bin immer auf der Suche nach neuen Herausforderungen. Und auch wenn meine Frau manchmal gegen neue Verpflichtungen, Ausflüge oder Geräte im Haus protestiert, halte ich meine Abenteuerlust lebendig, indem ich mich für neue Herausforderungen offen halte.

Als mein Unternehmen in den 90-er Jahren bankrott ging, habe ich mich nicht deprimiert in die Ecke verkrochen. Ich war widerstandsfähig. Ich wusste, dass ich ein erfolgreiches Comeback schaffen würde. Und tatsächlich, ich blieb standhaft, und das Geschäft kam wieder in Schwung.

Ich besaß zum Beispiel mehrere erfolgreiche Werbefirmen. Ich war an einem Punkt angelangt, an dem ich alles erreicht hatte, was ich in diesem Geschäft erreichen wollte. Es war Zeit für ein neues Risiko. Ich hätte mich auf meinen Lorbeeren ausruhen und darauf vertrauen können, dass meine verlässlichen Kunden auch weiterhin zu mir kommen würden. Das wäre bequem gewesen. Aber es wäre auch langweilig gewesen. Was ich an zuverlässigem Einkommen gewonnen hätte, hätte ich an Eifer, Energie und Herausforderungen für meinen Verstand verloren. Also habe ich diese Unternehmen verkauft.

Nach Abschluss des Verkaufes konnte ich mich nicht zurücklehnen und meine Ausbeute zählen. Ich gründete sofort ein neues Unternehmen, das Zeitschriften in und um Europa herausgab. Nachdem ich einige Zeit damit verbracht hatte, wurde mir erneut klar, dass ich es mir viel zu bequem gemacht hatte. Das Coronavirus traf Österreich und löste eine Welle von verpflichtenden Lockdowns in ganz Europa aus. Also suchte ich nach anderen Möglichkeiten.

Da sich die ganze Welt vor dem Virus in Sicherheit brachte, hielt ich es für eine gute Gelegenheit, wieder zu studieren. Und für mich war es eine großartige Gelegenheit, die vielen Dinge zu studieren, die mich seit Jahren interessierten, die ich aber auf die lange Bank geschoben hatte. Niemand wusste, wie lange die Lockdowns andauern würden, aber ich wollte keinen Moment vergeuden. Ich meldete mich an und wurde der älteste Student in der Schweiz, der Hypnotherapie und Meditation studierte.

Da ich nicht draußen in der Welt sein konnte, um Geschäfte zu gründen und zu leiten, beschloss ich, in Unternehmen zu investieren, die mit Achtsamkeit zu tun hatten. Zu dieser Zeit hatte meine Tochter ein großes Studio für moderne Spiritualität gegründet. Das schien mir die perfekte Gelegenheit zu sein, mich auf sinnvolle Weise in der Branche zu engagieren.

Dann begann ich, mir all die Notizen anzusehen, die ich im Laufe der Jahre angesammelt hatte – lauter Schnipsel von Wissen und Weisheit, die ich erworben hatte. Also beschloss ich, Bücher zu schreiben, um das, was ich gelernt habe, und meine Erfahrungen mit so vielen Menschen wie möglich zu teilen.

Für mich war die Coronavirus-Pandemie wie ein Druck auf den Stopp-Knopf der Zeit. Der Ausnahmezustand gab mir Zeit, nachzudenken und mich neu zu orientieren. Er bot mir die Chance, ein Studium zu absolvieren, auf das ich meine ganze Zeit und Energie verwenden konnte. Die Pandemie eröffnete mir neue Möglichkeiten für Investitionen in Unternehmen. Und sie ermöglichte es mir, mehr Zeit mit meiner Tochter zu verbringen, die gerade ein Studio für Achtsamkeit eröffnet hat. Ich fand Zeit zum Schreiben und für die Suche nach neuen Herausforderungen.

Mir ist schmerzlich bewusst, dass die Pandemie viele Menschen das Leben oder das Leben ihrer Angehörigen gekostet hat. Ich empfinde Anteilnahme an ihrem Verlust. Gleichzeitig bin ich aber auch dankbar für die vielen Freuden. Das Coronavirus hat die ganze Welt dazu gebracht, einen Gang zurückzuschalten. Es gab der Atmosphäre eine Chance, sich von den unablässigen Kohlenstoffemissionen zu erholen. Es gab den Tieren die Möglichkeit, sich vom Gejagtwerden und vom Fischfang zu erholen. Es gab den Menschen die Möglichkeit, Zeit mit den Personen zu verbringen, die sie lieben. Hast du die Lockdowns von 2020 und 2021 für dich genutzt? Oder hast du sie damit verschwendet, dir Sorgen zu machen und dich zu beschweren?

Ich hoffe, dass jeder Leser diese Botschaft versteht: Dein Leben hat einen Sinn. Egal, was in deiner Vergangenheit passiert ist, egal, wo du im Leben angefangen hast, und egal, welche Hindernisse du gerade überwinden musst, diese Bestimmung verschwindet nie.

Träume sterben nie. Sie werden nur immer leiser. Wenn du jung bist, schreien dich deine Träume Tag und Nacht an, damit du ihnen Aufmerksamkeit schenkst. Wenn du sie in deiner Jugend überhörst, hören sie vielleicht auf zu schreien, aber sie sprechen weiter und hoffen, dass du ihnen zuhörst. Wenn du die Träume als Erwachsener nicht beachtest, sprechen sie noch leiser, aber sie sind immer noch da. Wenn du das Alter erreichst, bleiben deine verdrängten Träume wie ein Flüstern bei dir. Du spürst sie als Bedauern – Bedauern über die Dinge, die du nicht versucht hast, Bedauern über die vertanen Möglichkeiten und Bedauern über die Ausreden, die du gefunden hast, um die Dinge nicht zu tun, zu denen du dich verpflichtet fühltest.

Die gute Nachricht ist: Wenn du dem Ruf deiner Träume folgst, werden sie immer laut und deutlich zu hören sein. Du kannst 50, 60, 70 oder 80 sein. Deine Träume wissen, dass du auf ihren Ruf reagieren wirst. Hab keine Angst, auf die geheimsten Wünsche deines Herzens zu hören und ihnen nachzukommen. Egal, wie es ausgeht, du wirst dankbar sein, dass du es getan hast.

Lebe! Atme nicht nur. Existiere nicht nur. Lebe! Höre genau auf deine innere Stimme. Antwortest du auf den Wunsch deines Herzens regelmäßig mit einer Liste von Gründen, warum du dies oder jenes nicht tun kannst?
- Ich bin zu alt.
- Ich bin zu jung.
- Ich bin nicht gebildet genug.
- Ich habe nicht genug Geld.
- Wenn ich das tue, wird man mich vielleicht verurteilen

Du musst verstehen, dass du alles tun kannst, was du willst. Du bist frei. Die Welt da draußen wartet darauf, dass du alles erkundest, was sie zu bieten hat. Wir befinden uns in der großartigsten Epoche der Geschichte. Du hättest nicht in einer Zeit geboren werden können, die besser geeignet ist, Risiken einzugehen und deine Möglichkeiten zu erkunden. Im 17. Jahrhundert hätte es mehr als zwei Monate gedauert, um von England in die Vereinigten Staaten zu segeln. Heute kannst du in 8 Stunden von London nach New York fliegen. Der Zugang zur Technologie bedeutet, dass du ein florierendes Unternehmen gründen kannst, ohne ein Gebäude zu besitzen oder zu mieten. Du kannst mit einem Handheld, der in deine Tasche passt, mit Menschen in Afrika, Asien, Europa, den USA und überall sonst auf der Welt in Kontakt treten.

Durchhaltevermögen und Hartnäckigkeit sind das A und O, ganz gleich, in welche Zeit du hineingeboren wirst. Diese Lektionen habe ich schon früh im Leben gelernt. Wer es immer wieder versuchte, hatte schließlich Erfolg. Wer hingegen aufgab, verfiel dem Alkoholismus, der Armut oder dem Selbstmord, weil die Zeiten so hart waren. Diese Lektion der Ausdauer ist der Schlüssel zu allen Widrigkeiten, die das Leben dir in den Weg legt.

Der Fernsehsender WDSU in Australien hat die Geschichte von Nick Vujicic ausgestrahlt. Nick ist in vielerlei Hinsicht ein ganz normaler Mensch. Er ist verheiratet. Er hat vier Kinder. Er hat eine erfolgreiche Karriere. Er fährt gerne Boot und hat eine Menge anderer Hobbys. Das Außergewöhnliche an Nick ist das, was er nicht hat: Arme oder Beine.

Nick Vujicic erzählt leidenschaftlich gern seine Geschichte auf der ganzen Welt. Er wurde in Australien ohne Arme und Beine geboren, ohne dass es dafür eine medizinische Erklärung gab. Er sagte, dass er im Alter von zehn Jahren sein Leben aufgeben wollte und einen Selbstmordversuch unternahm.

„Ich habe nicht geglaubt, dass ich einen Job bekommen oder heiraten würde und dachte, selbst wenn ich heiraten würde, könnte ich nicht einmal die Hand meiner Frau halten", erzählte Vujicic.

Aber er sagt, Gott habe ihm geholfen, all diese Hindernisse zu überwinden. Er hat sogar geheiratet und sei mit vier wunderbaren Kindern gesegnet. Vujicic sagt, er lebe ein Leben ohne Grenzen, auf der Skipiste und im Wasser. Er genieße viele Aktivitäten, die unmöglich erscheinen, wie Schwimmen, Golfen und Angeln.

Er hat seine beeindruckende Geschichte weltweit in 74 Länder, zu 21 Präsidenten und zehn Regierungschefs gebracht. Er möchte die Menschen in Südost-Louisiana ermutigen, niemals aufzugeben und unabhängig von ihrer Lage mit einem Ziel vor Augen zu leben.

„Manchmal warten wir auf ein Wunder, aber manchmal will Gott uns als Wunder gebrauchen, auch wenn wir unseres nicht bekommen", meinte Vujicic.

***

Welche Ausrede hast du? Es gibt keine. Ergreife jede Gelegenheit.

Wenn du älter wirst, kann es sein, dass du ein wenig träge wirst oder dich auf deinen Lorbeeren ausruhst. Das gilt besonders für Menschen, die genug Geld verdient haben, um davon leben zu können. Sie haben eine hohe Rente oder andere Investitionen, die sie bequem gemacht haben. Sie denken fälschlicherweise, dass dies die Zeit ist, in der sie nichts tun und „das Leben genießen" können. Aber oft beginnt ihr Verstand zu verkümmern, ebenso wie ihr Körper. Bald verbringen sie mehr Zeit in der Arztpraxis als am Strand.

Lass nicht zu, dass dein Leben in einen Zustand der Verkümmerung gerät. Werde aktiv. Fange an zu laufen, Rad zu fahren oder Sport zu treiben. Male, schreibe Bücher oder baue Modelle. Nur weil deine Geburtsurkunde dein Alter verrät, muss dein Körper das nicht tun. Du wirst dich jünger fühlen und dementsprechend auch jünger aussehen. Ich versichere dir, dass das Spiel nicht vorbei ist, auch wenn du älter bist. Es hat gerade erst begonnen. Du hast den Vorteil von Wissen, Weisheit, Erfahrung und Zeit!

Die moderne Medizin ermöglicht es uns, länger zu leben als je zuvor. Und eine längere Lebenserwartung geht heutzutage mit echter Lebensqualität einher. Du musst weiterhin die Dinge tun, die du liebst. Damit meine ich keine sinnlosen Aktivitäten. Wenn du keinen Spaß daran hast, lass es sein. Verschwende deine Tage nicht mit dem Zusammensetzen von Puzzles, wenn du keine Puzzles magst. Tu etwas, das du sinnvoll und herausfordernd findest. Wenn Geld keine Rolle spielt, ist dies ein guter Zeitpunkt, um etwas zurückzugeben.

Kapitel 8

Die gefürchtete Komfortzone

Harte Zeiten schaffen starke Männer.
Starke Männer schaffen gute Zeiten.
Gute Zeiten schaffen schwache Männer.
Und schwache Männer schaffen harte Zeiten
~ G. Michael Hopf

Zum Teil ist deine Vorliebe für die Komfortzone nicht deine Schuld. Wir sind sowohl körperlich als auch seelisch darauf programmiert, in unserer Komfortzone zu leben. Ohne eine Komfortzone wäre das Leben völlig unerträglich. Es wäre unmöglich, im Alltag zurechtzukommen, und wir würden in einem ständigen Zustand von Angst und Schrecken leben. Unsere Komfortzonen ermöglichen es uns, eine vertraute Umgebung, vertraute Freunde und vertraute Erfahrungen zu haben. So bleiben wir in der Welt verankert.

Wir sind jedoch nicht dafür geschaffen, die Eintönigkeit und den Mangel an Abenteuern auszuhalten, die viele von uns täglich erleben. Wir sollen ein Gleichgewicht zwischen Ruhe und Aufregung, Vertrautheit und Fremdheit, Ruhe und Widerstand herstellen. Unser Körper braucht das, genauso wie unser Geist.

Unsere Vorliebe für unsere Komfortzonen entsteht durch etwas, das Homöostase genannt wird. Das lässt sich am besten verstehen, wenn man sich die Funktionen des Körpers ansieht und wie diese ununterbrochen daran arbeiten, uns am Leben zu erhalten. Nimm zum Beispiel deine Körpertemperatur, die immer um die 37 Grad Celsius liegen muss. Das gilt für Menschen an den meisten Orten, sogar an den kältesten Orten der Erde, wie Alaska und Sibirien. Der Körper kann mit leichten Schwankungen dieser Kerntemperatur umgehen. Alles zwischen 36 und 37,2 Grad würde beim Arzt keine Alarmglocken schrillen lassen. Der Körper arbeitet Tag und Nacht daran, diese Temperatur zu halten. Wenn dir etwas zu heiß wird, weiß der Körper automatisch, dass er schwitzen muss, um dich abzukühlen. Wenn dir ein wenig kalt wird, weiß er, dass er zittern muss, um dich aufzuwärmen. All das geschieht unbewusst. Das ist die Homöostase.

Doch bei knapp über 37,2 Grad beginnt die Gefahr. Der Körper kann nur ein paar Grad über diesem Optimalwert aushalten, bevor er ernsthaften Schaden nimmt. Sofort schaltet der Körper in den Fiebermodus und sendet überall Signale, dass die Gefahr des Todes unmittelbar bevorsteht. Das Gleiche gilt, wenn die Körpertemperatur unter 36 Grad fällt. Er wird all seine Kräfte auf die inneren Organe konzentrieren und Gliedmaßen wie Finger, Zehen, Arme und Beine opfern, um sich am Leben zu erhalten.

Die Homöostase ist in allen deinen Körperfunktionen am Werk. Sie regelt deinen Blutdruck, den Wasser- und Natriumhaushalt und viele andere Funktionen des Körpers. In der Zeit, die du zum Lesen dieses Satzes gebraucht hast, hat dich dein Körper dreimal zum Atmen gezwungen, ohne dass du es dazu veranlasst hättest.

Aber es gibt auch eine Homöostase des Geistes. Bei dieser Art der Homöostase wollen wir, dass die Dinge um uns herum gleich bleiben. Wir wollen uns in unserer Umgebung sicher fühlen. Unser Gehirn scheint zwischen dem Bedürfnis nach Anregung und dem Verlangen nach Beständigkeit hin und her zu schwanken.

Es besteht eine ständige Wechselwirkung zwischen Homöostase und kreativer Veränderung. Zu viel Veränderung auf einmal kann das innere Gleichgewicht stören. Zu wenig Veränderung hingegen kann zu Stagnation führen. Angesichts der endlosen Berichte über Katastrophen und Schwierigkeiten in den Medien kann es passieren, dass wir aus Gewohnheit dazu neigen, uns auf die Homöostase zu konzentrieren und uns von kreativen Veränderungen fernzuhalten. Wir wünschen uns vielleicht, dass unser Leben vorhersehbar, stabil und unveränderlich ist. Wenn wir das kritische Gleichgewicht zwischen den beiden Bereichen vergessen und versuchen, unser Leben so zu gestalten, dass sich möglichst wenig ändert, schränken wir sowohl die Möglichkeiten für Wachstum und Zufriedenheit in unserem Leben als auch unsere Fähigkeit, mit Verletzungen und Krankheiten umzugehen, stark ein.

~ Alison Bonds Shapiro, M.B.A., Psychology Today

***

Die Komfortzone, in der wir leben, hat sich jedoch im Laufe der Zeit grundlegend verändert. Die letzten 100 Jahre waren eine außergewöhnliche Zeit der großen Veränderungen. In den letzten 100 Jahren hat sich wohl mehr verändert als in den 1.000 Jahren davor.

Unsere primitiven Gehirne sind auf Beständigkeit ausgerichtet, aber einige von uns scheinen immer nach Veränderung zu streben. Überlege mal, wie es für die ersten Menschen gewesen sein könnte. Es hieß fressen oder gefressen werden. Alles, was „da draußen" war, wollte sie auch auffressen. Die Menschen lebten in ständiger Bedrohung durch wilde Tiere, unvorhersehbares Wetter und Lebensmittel, an denen sie sich möglicherweise vergiften konnten. Am besten konnte man sich schützen, indem man im Schoß der Gemeinschaft blieb. Gemeinsam waren die Menschen in Sicherheit und stärker. Dennoch verspürten einige Menschen immer wieder den unwiderstehlichen Wunsch, sich von der Gruppe zu entfernen. Unsere Vorafhren sehnten sich danach, zu erfahren, was auf der anderen Seite des Berges oder hinter den Bäumen lag. Sie zogen los und erkundeten die Gegend. Einige von ihnen kehrten nie zurück, aber die, die es taten, konnten dem Rest der Gemeinschaft erzählen, dass es auf der anderen Seite des Bergrückens Nahrung oder Wasser gab. Dank ihres Mutes und ihres Entdeckergeistes profitierte die ganze Gemeinschaft davon.

Heute stehen wir nicht mehr vor denselben Herausforderungen. Der überwiegende Teil der Erdoberfläche ist bereits erforscht. Also suchen wir weiterhin nach neuen Herausforderungen für uns. Anders als unsere Vorfahren fällt es uns schwer, neue Wege zu finden, weil das Leben so angenehm ist.

Wenn du die Welt aus einer historischen Perspektive heraus betrachtest, musst du zugeben, dass die Welt vor 2020 eine Phase der „guten Zeiten" erlebt hat. Natürlich ist der Begriff „gute Zeiten" sehr relativ, denn es gibt immer wieder beunruhigende Ereignisse auf der Welt, und es wird sie immer geben. Das Leben ist nie einfach. Es ist immer auf die eine oder andere Weise von Leid geprägt. Aber im Großen und Ganzen würden die meisten wahrscheinlich der Aussage zustimmen, dass die Zeit vor 2020 als „gute Zeit" eingestuft werden kann.

Vor einhundert Jahren befand sich die Welt im Krieg. In allen weniger entwickelten Ländern herrschte große Armut. Selbst eine leichte Krankheit konnte den Tod bedeuten. Und auch ohne Krankheit war es wahrscheinlich, dass die Menschen irgendwann um oder kurz nach ihrem 40. Geburtstag starben. Eine Pandemie wie COVID-19 hätte leicht eine Milliarde Menschen auslöschen können, anstatt der 5,63 Millionen Menschen, die sie bisher getötet hat. Die Spanische Grippe hat es bewiesen, indem sie innerhalb von zwei Jahren 120 Millionen Menschen tötete.

Aber im Jahr 2020 und in der Zeit davor wuchsen die Volkswirtschaften in mehr Ländern weltweit als je zuvor. Die weltweite Armutsquote sank von 10,5 Prozent auf 9,2 Prozent, was bedeutet, dass sich mehr Menschen aus der bitteren Armut befreien konnten als im Jahr zuvor. Es gab keine offenen Kriege auf der Welt, obwohl es nach wie vor Übergriffe gab. Auch die weltweite Lebenserwartung stieg dramatisch an. Die am schnellsten wachsenden Volkswirtschaften der Welt befanden sich in Indien, Asien und in Afrika südlich der Sahara – Orte, an denen das Leid in der Vergangenheit wohl am größten war.

Sicherlich hatte die arbeitende Klasse in der westlichen Welt mehr Zugang zu hochwertigen Lebensmitteln, Elektronik und Autos. Die Häuser wurden größer und mehr Menschen bekamen ein Eigenheim. Es ist schwer zu bestreiten, dass die Welt vor COVID-19 und im letzten Jahrzehnt relativ gut war.

Das Problem mit guten Zeiten ist jedoch, dass sie zu einer Art von Schwäche führen, die mit der Zeit einen schwachen Verstand und einen schwachen Willen hervorbringt. Eine Schwäche des Denkens, Handelns, Geistes und anderer Bereiche macht die ganze Welt verwundbar. Da wir als technisierte Gesellschaft immer anspruchsvoller werden, müssen wir immer weniger selbst tun.

Man könnte einwenden, dass es eine lästige Pflicht war, unsere Kleidung selbst zu waschen, unser Feuerholz selbst zu hacken und unsere Lebensmittel selbst anzubauen. Aber man könnte auch entgegnen, dass die Generationen, die dazu in der Lage waren, viel widerstandsfähiger waren und sich selbst versorgen konnten.

Im Februar 2021, als die Welt noch mit der Coronavirus-Pandemie kämpfte, herrschten im Osten der USA Temperaturen unter null. In einem Bundesstaat, in dem hauptsächlich Wüstenklima herrscht und im Sommer Temperaturen jenseits der 40 Grad Celsius erreicht werden, waren die Bewohner dieser Gegend schlecht auf den Frost vorbereitet. Niemand wusste, wie man sich bei den Minusgraden, die auch von Eis und Schnee geprägt waren, warm halten konnte. Die Häuser waren nicht mit einer Isolierung oder einem ordentlichen Sanitärsystem ausgestattet, um solchen Temperaturen standzuhalten. Dann fiel das Stromnetz aus und Millionen Menschen saßen im Dunkeln und hatten keine Heizung. Das schreckliche Wetter hielt tagelang an. Es war der kälteste Sturm seit fünfzig Jahren. Hunderte von Menschen starben. Ein Kind erfror, als es in seinem kalten Schlafzimmer einschlief. Es war ein entsetzlicher Anblick.

Als Reaktion auf die Krise nahmen die Behörden in Texas und den USA das Stromnetz unter die Lupe, da es dem kalten Wetter nicht standhalten konnte und solch katastrophale Werte erreichte. Wie sich herausstellte, war es vier Minuten davon entfernt, komplett zusammenzubrechen. Texaner beschwerten sich, dass das Stromnetz nicht ausreichend abgesichert und auf jegliche Form von Witterung schlecht vorbereitet war. War das ein vorhersehbares Ereignis gewesen? Manche sagen ja. Denn obwohl Texas einer der wärmsten Bundesstaaten der USA ist, ist es nicht ungewöhnlich, dass die Temperaturen in den Wintermonaten unter den Gefrierpunkt fallen. Aber es gab noch einen weiteren erschwerenden Faktor. Texas wurde immer beliebter und war als ein Ort bekannt, an dem die Steuern niedrig und die Freiheit groß waren. In den Jahren zuvor waren mehr als vier Millionen Menschen in den Bundesstaat gezogen, was eine zusätzliche Belastung für das Stromnetz bedeutete. Es scheint also, dass die Behörden und Energieversorger die Notwendigkeit einer Modernisierung ihrer Infrastruktur vorausgesehen haben. Aber was ist mit den Bürgern des Landes?

Hätte sich diese Krise hundert Jahre früher ereignet, wäre sie wohl kaum auf dem Radar erschienen. Es gibt sogar Aufzeichnungen über einen ähnlichen Kälteeinbruch vor gerade einmal fünfzig Jahren, der durch dasselbe Gebiet fegte und für ähnlich eisige Temperaturen sorgte – und die Bewohner kamen ganz gut damit zurecht. Warum? Fast jeder wusste, wie man Feuerholz hackt, und viele Häuser hatten Kamine. Aber im Jahr 2020 nutzten die Menschen, die einen Kamin hatten, diesen eher zur Dekoration als zu seinem eigentlichen Zweck. An den Kaminen wurden zur Weihnachtszeit Strümpfe aufgehängt.

Es war nicht ungewöhnlich, dass kaltes Wetter durch Zentral- und Osttexas zog. Normalerweise blieb es nur nicht sehr lange. Dieses Mal blieb es länger. Aber es zeigte sich, dass die Menschen keinen der Notvorräte hatten, die alle Menschen überall haben sollten:

- Eingelagerte Lebensmittel
- Zusätzliches Wasser
- Bargeld
- Zusätzliche Medikamente
- Notstromversorgung
- Alternative Heizmöglichkeit

Mit diesen grundlegenden Vorkehrungen hätten die Menschen ohne große Probleme doppelt so lange überleben können. Man könnte meinen, die armen Texaner hätten am meisten gelitten. Aber Videoaufnahmen zeigten teure Wohnviertel mit Preisen im mittleren sechsstelligen Bereich, in denen die Bewohner in ihre Autos umzogen, um sich zu wärmen, und Interviews gaben, in denen sie die Regierung aufforderten, ihnen Wasser ins Haus zu bringen. Das ist die heutige Mentalität. Die Leute haben es sich durch die problemlose Verfügbarkeit von Lebensmitteln und anderen lebensnotwendigen Dingen bequem gemacht, ohne daran zu denken, dass sie vielleicht für sich selbst sorgen sollten.

Diese Komfortzone sollten wir nicht anstreben. Vielmehr führt diese Art von Komfort dazu, dass Menschen hilflos dastehen und um Hilfe beten.

Das Glück der Anstrengung entsteht, wenn du gelernt hast, deine Komfortzone bewusst zu verlassen. Du verlässt die Bequemlichkeit und den Luxus, den du bisher genossen hast, und treibst dich selbst dazu an, etwas zu tun, was du normalerweise nicht tun würdest. Und genau das macht dich stark und widerstandsfähig.

Ein Mensch, der mit dem goldenen Löffel geboren wurde, ist in Wirklichkeit ziemlich arm, denn wenn man ihm den Löffel wegnimmt, verliert er alles. Erinnere dich an den Börsenkrach von 1929. Ein Ansturm auf die Banken zwang sie zur Schließung. In London bemerkten die Menschen den finanziellen Zusammenbruch als Erste. Dann sprach sich das in New York herum. Und in den nächsten zehn Jahren kämpfte der Westen mit der Krise. Obwohl die Menschen nicht in Scharen von hohen Gebäuden sprangen, wie es der Mythos suggeriert, schnellte die Selbstmordrate als Reaktion auf den verloren gegangenen Wohlstand so vieler Menschen in die Höhe. Einige Menschen vergifteten mit Gas, andere zündeten sich an und wieder andere schluckten Gift, weil sie ihr Geld verloren hatten. Viele, die am Leben blieben, bettelten auf der Straße um Essen und Geld.

Wie konnte auf den damals größten Finanzboom der Geschichte so plötzlich der schwerwiegendste Absturz folgen? Und warum reagierte die Finanzwelt so drastisch? Gute Zeiten führen zu Schwäche. In guten Zeiten lehnen wir uns zurück und unterlassen es, die zum Überleben notwendigen Vorsichtsmaßnahmen zu treffen. In guten Zeiten gibt es kaum Möglichkeiten, die Tugenden zu pflegen, die das Leben ausmachen, wie zum Beispiel Mut. Wir leben als kleine Könige in unseren eigenen kleinen Königreichen. Wir heizen und kühlen ohne Probleme und dulden nicht die kleinste Veränderung. Unser Essen ist schnell verfügbar, so dass wir uns nicht die Mühe machen müssen, es zu jagen, zu töten, es zuzubereiten und es einzulagern. Unsere Fernsehgeräte sind größer geworden, während unsere Muskeln kleiner werden.

Apropos Fernsehen: Alle möglichen Unterhaltungsbedürfnisse können leicht befriedigt werden, so dass es immer schwieriger wird, uns aus dem Haus zu locken, um einen Abend draußen zu verbringen. Aus diesem Grund gehen die Abonnements für Konzerte schneller zurück, als man es je für möglich gehalten hätte. Das Gleiche gilt für andere Kunstformen, die man persönlich erleben muss, wie Theater, Museen und Tanzaufführungen. Die Bibliotheken sind so gut wie leer, mit Ausnahme der kostenlosen Computerplätze.

Der New York Times Redakteur Anthony Tomassine sprach mit der Präsidentin der Los Angeles Philharmonic, Deborah Borda, über die schwindenden Abonnements:

… Alles lief gut für das Orchester, erklärte Frau Borda, abgesehen von einer Herausforderung, mit der Ensembles überall konfrontiert waren: der stetige Rückgang der Konzertbesucher, die ihre Karten über Abonnements kaufen.

Das war keine Neuigkeit. Aber der Wandel war deutlich spürbar und die Zahlen waren beunruhigend. Frau Borda, eine der innovativsten Kulturmanagerinnen in der Branche, erklärte, dass in ihrer Institution jeder davon ausgeht, dass es in zehn Jahren keine Abonnements mehr geben wird.

... Das Schwinden der Abonnenten hat zweifelsohne den gegenwärtigen Status ins Wanken gebracht. Über Generationen hinweg zählten Amerikas Orchester und Opernhäuser auf Abonnenten, um ihre Säle zu füllen. Und viele Menschen waren bereit, ein Abonnement abzuschließen, vor allem Fans von Orchestern, die es gewohnt waren, jeden Donnerstag oder jeden zweiten Samstag im Konzertsaal zu sitzen und sich mit anderen Stammgästen zu treffen.

Aber heute, wo die meisten Menschen, und nicht nur die jungen, daran gewöhnt sind, ihre eigenen Zeiten und Geräte zu wählen, um Fernsehsendungen und Filme zu sehen oder Musik zu hören, kann die Idee, sich an einen regelmäßigen Abend in deinem örtlichen Orchestersaal zu binden, überholt erscheinen, selbst wenn du ein bestimmtes Programm hören willst, das dich sehr interessiert.

***

Selbst die Spitzenorchester haben unter den Auswirkungen des bequemen Lebens gelitten. Die New Yorker Philharmoniker verkauften früher mehr als achtzig Prozent ihrer Karten über Abonnements. Heute wird nur noch etwas mehr als die Hälfte der Karten über Abonnements verkauft, was die Zukunft des Orchesters gefährdet.

Diese Abwärtsspirale könnte sich jedoch als nützlich erweisen, wenn sie klassische Ensembles dazu zwingt, das übliche Veranstaltungsformat zu überdenken, bei dem ein Programm im Laufe einer Woche drei oder vier Mal wiederholt wird. Da den Orchestern die Abonnenten weglaufen, sind sie vielleicht eher bereit, einen größeren Teil des Kalenders für kleine Festivals mit einer Reihe von einmaligen Programmen zu verwenden, die mit einem übergeordneten Thema verbunden sind. Und spezielle Projekte wie die äußerst beliebte Inszenierung von Stephen Sondheims „Sweeney Todd" in der letzten Saison könnten für eine längere Spielzeit geplant werden.

***

Nicht nur die schönen und darstellenden Künste sind von einer Gesellschaft betroffen, die sich mehr für ihre Handys als für das Cello interessiert. Es scheint auch, dass wir es nicht schaffen, eine Generation von Jugendlichen heranzuziehen, die sich jahrelang dem Erlernen eines Instruments widmen wollen. Warum sollten sie auch, wenn man mit 100 Apps in wenigen Minuten in einem Videospiel Chopin spielen kann?

Im Mai 2020 deckte eine Zeitung aus Toronto auf, dass die Indiana State University Klaviere im Wert von Zehntausenden von Dollar in den Müllcontainern hinter der Schule entsorgt hatte. Als die Geschichte bekannt wurde, ging man davon aus, dass die Klaviere alt oder kaputt waren. Aber ein Enthüllungsreporter fand heraus, dass viele der Klaviere, die einfach in den Müll geworfen wurden, in gutem Zustand waren. Der Klavierbauer Dean May wurde gebeten, die Klaviere zu untersuchen. Er sagte:

„Ich dachte, ich schaue einfach mal bei den Müllcontainern vorbei, um zu sehen, was ich vorfinde, und ich war einfach nur verblüfft und bestürzt. Ich konnte sehen, dass es sich um ein hochwertiges Klavier handelte. Es schien in einem ausgezeichneten Zustand zu sein. Die Saiten waren nicht angelaufen, der Resonanzboden war gut, und die Lackierung, die nicht beschädigt worden war, war in Ordnung. Ein befreundeter Techniker erklärte mir, dass diese Klaviere alle aus der musikalischen Abteilung und nicht aus den Studentenwohnheimen stammten, also waren sie alle gut gepflegt."

***

Die Studierenden verbrachten weniger Zeit mit dem Erlernen des Klavierspiels und mehr Zeit im Computerlabor mit dem Entwerfen von Videospielen oder dem Drehen von Videos zum Hochladen auf soziale Medien. Vorbei waren die Zeiten, in denen die musikalische Abteilung von den Klängen von Dutzenden von Klavierräumen gefüllt war, in denen die Studierenden ihr Können perfektionierten.

Als der Rektor auf den Abfall angesprochen wurde, gab er zu, dass niemand an den Klavieren interessiert gewesen sei. Die Klaviere wurden im Internet zur Versteigerung angeboten und erzielten Gebote von nicht mehr als 25 Dollar. Örtliche Schulen und andere Organisationen lehnten ab, als man versuchte, die Klaviere zu spenden.

Das ist nicht nur ein Armutszeugnis für die moderne Technik und den Zustand der jungen Generation. Jede Generation hat sich über die Jugend beklagt, meist ohne Erfolg.

„Viele [junge Menschen] waren heutzutage so verwöhnt, dass sie vergessen hatten, dass es so etwas wie das Gehen gibt, und sie entschieden sich automatisch für die Busse ... wenn man nichts unternahm, war es um die Zukunft des Gehens wirklich sehr schlecht bestellt."

Scottish Rights of Way: More Young People Should Use Them, Falkirk Herald, 1951

***

„Die Eltern selbst waren oft die Ursache für viele Schwierigkeiten. Sie versagten häufig in ihrer offenkundigen Pflicht, ihren eigenen Kindern Selbstbeherrschung und Disziplin beizubringen."

Problems of Young People, Leeds Mercury, 1938

***

„Wir widersprechen jedem, der mit offenen Augen durch die Welt geht, wenn er leugnet, dass es wie nie zuvor eine Haltung der jungen Leute gibt, die man am besten als grob rücksichtslos, unhöflich und absolut egoistisch beschreiben kann."

The Conduct of Young People, Hull Daily Mail, 1925

***

Es ist seltsam, wenn sich die Menschen vor hundert Jahren darüber beschweren, dass ihre Jugend verwöhnt und faul ist.

Aber heutzutage ist das Problem noch viel besorgniserregender. In der Vergangenheit hat die Jugend vielleicht nicht den Erwartungen ihrer Eltern entsprochen. Sie waren vielleicht genauso verwöhnt und faul, wie es die Jugend von heute zu sein scheint. Der große Unterschied im 21. Jahrhundert ist jedoch, dass unsere Jugend unter einem Gefühl echter Verzweiflung leidet, obwohl sie in der großartigsten Epoche der Menschheit lebt.

Wie William Hasseltine für das Forbes Magazine schrieb:

Eine Online-Umfrage der CDC zeigt, dass junge Menschen zwischen 18 und 24 Jahren während der Pandemie mit größerer Wahrscheinlichkeit psychische Probleme haben als jede andere Altersgruppe.

Laut dieser Umfrage leiden 63% der jungen Menschen unter erheblichen Symptomen wie Angstzuständen oder Depressionen. Fast ein Viertel der Befragten gab an, dass sie mit dem Missbrauch von Substanzen wie Alkohol, Marihuana und verschreibungspflichtigen Medikamenten begonnen oder diesen verstärkt haben, um mit ihren Gefühlsregungen fertig zu werden ... Diese Daten belegen einen alarmierenden Trend, der sich bereits anekdotisch abgezeichnet hat: Die Pandemie wird langfristige Auswirkungen auf die psychische Gesundheit junger Menschen haben.

Für junge Menschen, die sich für ein Studium, eine Karriere, den Aufbau von Beziehungen oder die Gründung einer Familie entscheiden müssen, kann die Ungewissheit der Pandemie den Druck auf die ohnehin schon belastenden Entscheidungen noch erhöhen ... Die Studie verdeutlicht den steigenden Trend zur Einsamkeit unter jungen Erwachsenen im Vergleich zu älteren Menschen. Wie bereits erwähnt, ist Einsamkeit die Ursache für viele psychische Probleme. In einer bundesweiten Umfrage unter rund 950 Amerikanern gaben 36 Prozent an, sich in den letzten vier Wochen „häufig" oder „fast immer" einsam zu fühlen. Einundsechzig Prozent der Befragten zwischen 18 und 25 Jahren berichteten von einem hohen Maß an Einsamkeit.

***

No matter how much it hurts now, someday you will look back and realize your struggles changed your life for the better.

My-mindguide.com

Kapitel 9

Schäfchen im Trockenen

Ich brauche nicht mehr für Geld zu arbeiten. Ich bin für den Rest meines Lebens finanziell abgesichert, selbst wenn ich über hundert Jahre alt werde. Aber das bedeutet nicht, dass meine Arbeit vorbei ist. Im Gegenteil, sie hat gerade erst begonnen. Ich helfe meinem Bürgermeister in Kitzbühel, in Österreich. Ich gebe meine Gedanken weiter, indem ich Bücher schreibe. Und ich halte Vorträge, um Menschen zu helfen, ihre innere Stärke durch Hypnotherapie zu entdecken. Außerdem unterstütze ich Menschen dabei, ins Verlagsgeschäft einzusteigen.

Ich arbeite heute noch genauso hart wie in den Anfangstagen, als wir uns abmühten. Diese Zeiten werde ich nie vergessen. Sie bleiben für mich kostbar. Ich hatte eine Frau, und wir hatten zwei Kinder. Damals waren wir nicht wohlhabend. Genau genommen hatten wir buchstäblich kein Geld. Es war ein verrücktes Leben, in dem es darum ging, über die Runden zu kommen, während wir gleichzeitig versuchten, die Chancen zu nutzen, unsere Situation zu verbessern. Ich weiß noch, wie sich die dunklen Wolken der Armut über meinem Kopf zusammenzogen und meinen emotionalen Luftdruck veränderten. Aber während ich dort am Boden lag und mich schlecht fühlte, sagte ich zu mir: „Komm schon! Das wird sich schon wieder ändern." Ich hatte keine Beweise, auf die ich diese Überzeugung stützen konnte, außer diesen Worten selbst. Ich fing ein Projekt an und sah zu, wie es in die Hose ging. Der Rauch des letzten Scheiterns hing noch an meinen Kleidern und die Narben auf meiner Seele waren noch frisch und neu, also versuchte ich es einfach noch einmal. Wieder und wieder legte ich mein Herz und meine Seele in das Vorhaben, das ich verfolgte. Schließlich versuchte ich es erneut, und es klappte.

Das Schöne an Armut, Schmerz, Verlust, Leid und so weiter war, dass mir keine andere Wahl blieb, als erfolgreich zu sein. Für Wohlhabende ist jeder Schritt, den sie machen, mit einem Risiko verbunden. Armut beseitigt das finanzielle Risiko. Du besitzt nichts – also hast du auch nichts zu verlieren. Ich finde, Armut kann sehr schön sein. Es war wunderbar zu beobachten, wie sich die Welt um mich herum veränderte, während ich wuchs, lernte und Geld verdiente.

Wenn ich Dokumentarfilme über arme Dörfer sehe, sehe ich selten jemanden, der rumsitzt und nichts tut. Das sind geschäftige kleine Gemeinschaften. Jeder hat seine Rolle, und jeder erfüllt diese mit Perfektion. Die Menschen verlassen sich aufeinander, um ihre Aufgaben zu erfüllen. Dieses Leben ist alles, was sie je gekannt haben. Die Dörfler machen sich keine Gedanken darüber, wie alt ihr eigenes Auto im Vergleich zum neueren Auto des Nachbarn ist.

Ich nenne das den Armutseffekt. Diese Menschen messen das Leben nicht in Dollar oder Pfund. Sie messen ihren Wert nicht an ihren bedeutungslosen Besitztümern. Es stellt sich also die Frage, was ist Armut?

Armut kann sich auf viele Arten zeigen, nicht nur durch die Anzahl der Ziffern auf deinem Bankkonto. Es gibt die Armut des Geistes, die Armut der Liebe, die Armut der Lebensfreude und die Armut des Wissens. Gemeinschaften, auf die viele wegen ihrer Lebensweise herabblicken, können einen höheren Glücksindex aufweisen als Menschen, die in den besten Gegenden der Welt leben. Während Menschen aus der Mittelschicht (die eigentlich wohlhabend sind) mit der Fernbedienung in der Hand herumsitzen und sich darüber beschweren, dass sie sich langweilen, sind diese weniger entwickelten Gemeinschaften mit ihrer Arbeit beschäftigt. Wenn man eine Gruppe mit der anderen vergleicht, ist es schwer zu leugnen, dass die arme Gemeinschaft diejenige ist, die wirklich lebendig ist.

Diese Menschen fühlen sich nicht so arm wie wir. In Wirklichkeit genießen sie eine Art von Reichtum, den die meisten Gemeinschaften in Europa und den USA aus den Augen verloren haben. Sie verfügen über Reichtum an Gemeinschaftssinn, Reichtum an Freundschaft, Reichtum an Traditionen und Reichtum an Lebensfreude. Die Dörfler leben in einer starken sozialen Gemeinschaft, und überall um sie herum befinden sich Menschen, die ihr Wertesystem teilen. Sie haben keine Vorstellung von Armut, weil alle um sie herum ein ähnliches Leben führen wie sie selbst. Ihr Reichtum besteht aus dem, was das Meer hergibt oder was sie in den

Wäldern suchen oder jagen können. Die Welt gehört ihnen, auch wenn es nur die kleine, unbedeutende Welt ihres Dorfes ist. Über Steuern, Inflation, Kriminalität oder Verkehr machen diese Menschen sich keine Gedanken, auch von Posts in den sozialen Medien lassen sie sich nicht tyrannisieren. Sie müssen ihre Handys nicht auf den neuesten Stand der Technik bringen. Leben und Tod sind feierlich miteinander verwoben. Meiner Einschätzung nach sind diese Menschen ziemlich reich.

Armut ist relativ.

Wenn Leute sich einfach die Zeit nehmen würden, anzuerkennen, dass es eine Gesellschaft um sie herum gibt und dass sie die Möglichkeit haben, diese Gesellschaft zu beeinflussen, würden sie einen Reichtum finden, der wertvoller ist als Gold. Wo wir unseren Schatz hintun, ist der Ort, an den wir unser Herz hängen. Dein Schatz sollte in den Menschen liegen, die du prägst, nicht in den materiellen Reichtümern, die du besitzt.

Verstehe mich nicht falsch. Ich bin nicht gegen materiellen Reichtum. Ich habe ihn natürlich auch für mich selbst erworben. Aber ich habe es auf eine Weise getan, die mich stärker und besser gemacht hat. Die Jagd nach Geld kann dich leicht deiner Seele berauben. So viele fallen ihren Freunden in den Rücken, nur um ein Geschäft zu machen. Ich hatte so viele geschäftliche Interessen, dass ich nie mein Leben für ein einziges einsetzen musste. Wenn etwas scheiterte, ging ich zu einem anderen über. Aber ich habe an den Beziehungen festgehalten, denn diese Währung verliert nie an Wert.

Kapitel 10

Abhärtung

*„Die faszinierendsten Menschen, die ich kennengelernt habe, sind
diejenigen, die Niederlagen erlebt haben, das Leid kennengelernt
haben, den Kampf, den Verlust, und die ihren eigenen Weg
gefunden haben, um aus diesen Tiefen wieder herauszukommen.
Diese Personen haben eine Wahrnehmung, eine Sensibilität und
ein Verständnis des Lebens, das uns mit Mitgefühl, Bescheidenheit
und einer tiefen Unruhe der Liebe erfüllt. Faszinierende Menschen
kommen nicht aus dem Nichts."*
~ Elisabeth Kübler-Ross

An dieser Stelle denkst du vielleicht an einige schwierige
Momente in deinem Leben zurück und fragst dich, wie
diese furchtbaren Augenblicke hätten besser verlaufen können.
Die Antwort auf diese Frage lautet: durch Abhärtung.

Anders als der Name vermuten lässt, bedeutet Abhärtung
nicht, dass du verhärtet werden sollst oder dass dein Herz
aus Stein sein muss. Vielmehr bedeutet Abhärtung, dass du
in guten Zeiten an dir arbeitest, um dich auf schlechte Zeiten
vorzubereiten. Wenn du innerlich und äußerlich hart an dir
arbeitest, ist das die beste Voraussetzung, um Höhen und
Tiefen zu überstehen.

Harte Zeiten sind unvermeidlich. Niemand von uns kann ihnen entkommen. Wie ein altes Lied sagt: „ Es muss in jedem Leben etwas Regen fallen." Auch wenn manche Menschen denken, dass sie Pech haben oder dass ihnen mehr Unglück widerfährt als anderen, ist das statistisch gesehen nicht wahr. Wir alle haben geliebte Menschen verloren. Wir alle sind von einem engen Freund verletzt worden. Wir alle haben Unglück in Bezug auf unsere Finanzen. Was einen Menschen vom anderen unterscheidet, ist die Art und Weise, wie er mit schwierigen Zeiten umgeht.

Einige Leser werden vielleicht denken, dass Geld dabei eine Rolle spielt. Aber auch Geld kann uns nicht vor den Schwierigkeiten des Lebens bewahren. Der Regen fällt auf die Reichen und die Armen gleichermaßen. Man denke nur an Steve Jobs, der unbestritten genug Geld hatte, um die besten Ärzte der Welt zu verpflichten. Aber als sich sein Krebs ausbreitete, gab es nichts, was er oder irgendjemand anderes tun konnte, um sein Schicksal zu ändern. Das Gleiche gilt für die Liebe. Wir mögen von herzlichen Menschen umgeben sein, aber die bloße Anwesenheit von Menschen reicht nicht aus, um Liebe zu kaufen.

Marelisa Fabrega vom Blog „Daring to Live Fully" schreibt über den Unterschied zwischen dem, was man mit Geld kaufen kann, und dem, was man damit nicht kaufen kann. Die folgenden Punkte sind nur eine Auswahl dessen, was sie aufzählt:

Mit Geld kann man Medizin kaufen, aber keine Gesundheit.
Mit Geld kann man ein Haus kaufen, aber nicht ein Zuhause.

Mit Geld kann man Bekanntschaften kaufen, aber keine Freunde.
Mit Geld kann man Bewunderung kaufen, aber keinen Respekt.
Mit Geld kann man Bücher kaufen, aber kein Wissen, keine Weisheit und keine Erfahrung.
Mit Geld kann man sich ein Leben der Muße kaufen, aber kein Ziel, keine Leidenschaft und keinen Sinn.
Mit Geld kann man Uhren kaufen, aber keine Zeit.

***

Die Annahme, dass Geld die Antwort auf alle Probleme des Lebens ist, ist ein Trugschluss. Menschen, die kein Geld haben, fällt es schwer, die Wahrheit in dieser Aussage zu glauben, denn sie glauben, dass die Probleme, mit denen sie zu kämpfen haben, auf ihren Mangel an Geld zurückzuführen sind. Aber viele, die von Armut zu Reichtum gekommen sind, werden bestätigen, dass Geld kein Allheilmittel ist.

Deshalb musst du eine Währung ausgeben, die nicht klimpert oder sich falten lässt. Diese Art von Währung kann dir helfen, selbst die turbulentesten Stürme des Lebens zu überstehen.

Mein Leben war eine Achterbahnfahrt. Genau genommen war es eine Reihe von Achterbahnen, die alle zu einer einzigen furchterregenden Fahrt aufgereiht waren. Die Hochs waren extrem hoch, die Tiefs oft verheerend. Ich hatte das Gefühl, dass ich nie den Punkt erreichen würde, an dem ich die Fahrt beenden und aussteigen könnte.

Aber als ich den Begriff der Abhärtung kennenlernte, fiel es mir viel leichter, zu widerstehen. Ich entwickelte eine eiserne innere Stärke zusammen mit körperlicher Umsicht, die mich auch dann stärkte, wenn das Leben mir Schläge versetzte.

Ich habe gelernt, immer das Gleichgewicht zu bewahren. Es ist zwar schön, die aufregenden Zeiten des Lebens zu feiern, und es ist normal, sich niedergeschlagen zu fühlen, wenn das Unglück zuschlägt, aber es ist nicht gesund, sich von den Schwankungen des Lebens herumreißen zu lassen.

Zum Beispiel unsere heutige Social-Media-Kultur. Es kann sein, dass man einen Beitrag schreibt, der viel Lob erhält. Daraufhin fühlt man sich glücklich und begeistert. Dann kommt der erste negative Kommentar. Und manchmal kann dieser Kommentar außergewöhnlich negativ, grausam und verletzend sein. Plötzlich ist das Gefühl des Stolzes auf den Beitrag verschwunden und man verliert einen großen Teil des Strahlens, das man kurz zuvor noch empfunden hat. Und nun wechseln wir von der Welt der sozialen Medien, in der relativ wenig auf dem Spiel steht, in die Geschäftswelt oder in den Bereich von Beziehungen, wo viel auf dem Spiel steht. Vielleicht hast du einen Bericht geschrieben, der deinen Kollegen gefallen hat. Als dein Chef ihn dann las, war das negative Feedback niederschmetternd. Oder stell dir vor, du hattest ein erfolgreiches Liebesleben, bis jemand, mit dem du besonders gerne Zeit verbracht hast, dir mitteilte, dass er kein Interesse mehr hat.

Die Macht der Abhärtung beginnt damit, dass du lernst, Höhen nicht zu hoch und Tiefen nicht zu tief werden zu lassen. Deine Großeltern nannten es „die Dinge sportlich nehmen". Das kann als Anspielung auf einen Wettlauf angesehen werden, bei dem man sein Tempo selbst bestimmen kann. Das Leben ist wie ein Wettlauf. Wenn du zu schnell losläufst, geht dir vielleicht die Luft aus. Wenn du zögerst, könntest du zurückbleiben. Dein eigenes Tempo zu finden und es beizubehalten, ist die beste Strategie, um im Rennen des Lebens zu überleben.

Abhärtung wird überall auf der Welt eingesetzt, um das Leben von Dingen zu sichern. Pflanzen zum Beispiel werden oft aus Samen im Haus gezogen. Sie werden unter optimalen Bedingungen mit nahezu perfekter Erde, Wasser und künstlichem Sonnenlicht angebaut. Zeitschaltuhren sorgen dafür, dass das Licht einen Teil der Zeit an und einige Stunden des Tages aus ist, damit die Pflanzen die nötige Dunkelheit haben, über die wir bereits gesprochen haben. Man sollte meinen, dass Setzlinge, die in einer solch perfekten Umgebung aufgezogen werden, sich als erwachsene Pflanzen gut entwickeln. Aber diese Pflanzen überleben selten, wenn sie nicht vorher abgehärtet werden. Ohne Abhärtung verdorren die Pflanzen in der prallen Sonne und beugen sich dem kleinsten Wind. Beim Abhärten werden die Pflanzen aus ihrer perfekten Umgebung herausgenommen und für eine kurze Zeit in die wirkliche Welt gesetzt. Jeden Tag werden sie den Elementen stärker ausgesetzt, bis die Pflanzen lernen, außerhalb des Brutkastens zu überleben.

Der gleiche Prozess der Abhärtung wird auch bei vielen anderen Materialien angewandt. Stahl zum Beispiel wird im Feuer geschmiedet, damit er geformt werden kann. Anschließend muss er in Öl abgekühlt werden, damit er ausgehärtet werden kann. Dies ist notwendig, damit der Stahl unter extremem Druck eingesetzt werden kann.

Auch Systeme müssen abgehärtet werden, wenn sie überleben sollen. Banken und Unternehmen müssen zum Beispiel Simulationen durchführen, in denen sie ihre Einrichtungen einer Belastung aussetzen, um zu sehen, wie sie unter verschiedenen Bedingungen überleben. Wo immer sie versagen, müssen sie ihre Abläufe abhärten.

Bei dir ist das nicht anders. Während wir uns alle ein Paradies wünschen, in dem es keinen Schmerz, keine Krankheit, keinen Verlust und keinen Tod gibt, hat das Universum einen anderen Plan. Es wird sowohl gute als auch schlechte Zeiten für dich vorsehen und dir zukommen lassen. Wenn du abgehärtet bist, kannst du fast alles überstehen. Wenn du aber die Haltung einnimmst, dass du erst abwartest, bis etwas passiert, und dich dann darum kümmerst, kann es sein, dass du unvorbereitet überrascht wirst und es schwer, wenn nicht gar unmöglich ist, dich davon zu erholen.

Im nächsten Kapitel gehen wir auf verschiedene Möglichkeiten ein, wie du dich finanziell, geistlich, seelisch/ mental und körperlich abhärten kannst.

Kapitel 11

Widerstandsfähig machen

„Bäume sind für mich immer die eindringlichsten Prediger gewesen. Ich verehre sie, wenn sie in Völkern und Familien leben, in Wäldern und Hainen. Und noch mehr verehre ich sie, wenn sie einzeln stehen. Sie sind wie Einsame ...

In ihren Wipfeln rauscht die Welt, ihre Wurzeln ruhen im Unendlichen; allein sie verlieren sich nicht darin, sondern erstreben mit aller Kraft ihres Lebens nur das Eine: ihr eigenes, in ihnen wohnendes Gesetz zu erfüllen, ihre eigene Gestalt auszubauen, sich selbst darzustellen.

... Nichts ist heiliger, nichts ist vorbildlicher als ein schöner, starker Baum. Wenn ein Baum umgesägt worden ist und seine nackte Todeswunde der Sonne zeigt, dann kann man auf der lichten Scheibe seines Stumpfes und Grabmals seine ganze Geschichte lesen: in den Jahresringen und Verwachsungen steht aller Kampf, alles Leid, alle Krankheit, alles Glück und Gedeihen treu geschrieben, schmale Jahre und üppige Jahre, überstandene Angriffe, überdauerte Stürme. Und jeder Bauernjunge weiß, daß das härteste und edelste Holz die engsten Ringe hat, daß hoch auf Bergen und in immerwährender Gefahr die unzerstörbarsten, kraftvollsten, vorbildlichsten Stämme wachsen.
~ Herman Hesse, Bäume: Betrachtungen und Gedichte

Abhärtung hat auf viele Bereiche deines Lebens positive Auswirkungen. In diesem Kapitel erkunden wir einige praktische Möglichkeiten, wie du dich abhärten kannst, damit du gut gerüstet bist für alles, was auf dich zukommt.

Finanzielle Abhärtung

Diese Methode kann auch auf deine Finanzen angewendet werden. Gehörst du zu den Menschen, die von Gehaltsscheck zu Gehaltsscheck leben? Oder hast du eine Steuerrückzahlung oder eine überraschende Prämie erhalten, und stellst dann fest, dass das Geld in ein oder zwei Wochen weg ist? Deine Einstellung zum Geld entscheidet darüber, ob du ein Marathonläufer oder ein Sprinter bist.

Du hast vielleicht schon gehört, dass man beim Thema Geld mit Ruhe und Beharrlichkeit das Rennen gewinnt. Ruhe ist vielleicht nicht notwendig. Aber Beharrlichkeit ist auf jeden Fall eine gute Voraussetzung, wenn es um Geld geht. Lass dich nicht davon täuschen, wie Geld tatsächlich funktioniert. Irgendwann, als ich dreißig war, durchbrach ich die Grenze von einer Million Dollar an Nettovermögen. Ich war überglücklich. Ich hatte lange Zeit hart gearbeitet, um dieses Ziel zu erreichen. Allerdings kaufte ich mir als Millionär nicht gleich einen Porsche oder plante einen Urlaub im Paradies. Ich wusste, dass auf die guten Zeiten, die ich gerade erlebte, schlechte Zeiten folgen würden, so wie der Winter auf den Herbst folgt. Also beschloss ich, Geld zu sparen, um nicht in Verzweiflung zu geraten, wenn es wieder bergab gehen würde. Ich legte etwas Geld für Luxusgüter zur Seite und arbeitete weiter. Beim nächsten Aufschwung habe ich genauso weitergemacht, ein bisschen mehr gespart und etwas für Luxusgüter zurückgelegt.

So kam ich nie an einen Punkt, an dem ich wirklich in Verzweiflung geriet. Der Aktienmarkt ging rauf und runter.

Der Wert von Immobilien schwankte innerhalb des gesamten Spektrums. Die Wirtschaftslage änderte sich Jahr für Jahr. Aber mein Vermögen war sicher, weil ich einen gleichmäßigen Rhythmus beibehielt und nie verzweifelte. Das ist das Wesentliche, um sich finanziell abzuhärten.

Sparen ist eine der besten Methoden, um deine Finanzen abzuhärten. Verschiedene Finanzgurus haben unterschiedliche Strategien, wie man spart, wie viel man sparen sollte und wo man seine Ersparnisse anlegen sollte. Das ist hier nicht das Thema. Ich möchte dich vielmehr davon überzeugen, dass du dich gegen unvermeidliche wirtschaftliche Schwierigkeiten wappnen solltest. Woher weiß ich mit Sicherheit, dass wirtschaftliche Schwierigkeiten kommen werden? Weil wirtschaftliche Schwierigkeiten immer kommen. Es ist nur eine Frage der Zeit. Die Weltwirtschaft korrigiert sich nach Zeiten großen Wohlstands selbst. Wer etwas anderes glaubt, lebt in einer Fantasiewelt. Überlege dir also, was du tun willst, wenn die Märkte zusammenbrechen, Kriege toben oder unternehmerische oder politische Veränderungen deine Finanzen durcheinander bringen.

Meine zweite Strategie war, zu lernen, wie man investiert. Ich betone „lernen", denn Investieren ist eine Schule, die man niemals abschließt. Mit jeder Lektion kommen ein Dutzend weitere, die es zu lernen gilt. Und sobald du etwas sicher weißt, ändert sich etwas und du musst wieder von vorne anfangen. So mussten zum Beispiel selbst erfahrene Investoren, die schon seit Jahrzehnten im Geschäft sind, die Besonderheiten von Kryptowährungen erst noch lernen. Und unsere Lernphase ist noch nicht vorbei, da die Regierungen weltweit entscheiden, ob und wie sie diese regulieren und besteuern werden. Es kann spannend und lukrativ sein, in Gold, Kryptowährungen, Immobilien oder andere Märkte zu investieren. Aber es kann auch bedeuten, dass du dein gesamtes Geld verlierst, wenn du es als Experte und nicht als Lernender angehst.

Mentale Abhärtung

Eines meiner Lieblingsthemen ist die mentale Abhärtung. Das kann fast jeder tun, unabhängig von seinem Wohlstand, seiner Bildung oder seinem sozialen Status. Die meisten Menschen auf der Welt haben ein Smartphone. Statistiken zeigen, dass sogar in weniger entwickelten Ländern Handys zu finden sind. Laut einer Statista-Umfrage liegt die weltweite Nutzung von Handys bei 83,6 Prozent. Selbst in Ländern, in denen die Handynutzung eingeschränkt ist, ist der Zugang zu neuem Wissen immer noch gewährleistet, solange er nicht mit politischen Interessen verbunden ist. Mit anderen Worten: Wenn du dieses Buch kaufen kannst, kannst du auch lernen.

Deshalb habe ich mich dafür entschieden, mich zu disziplinieren und nicht dem Alkohol oder Drogen zu verfallen. Wissen ist Macht. Und es war immer mein Ziel, einen scharfen Verstand zu behalten. Ich verurteile Substanzen zwar nicht, aber ich weiß, dass sie die Fähigkeit zu denken beeinträchtigen. Ich lebe von meinem Verstand. Das tust du auch. Alles, was du tust, beginnt mit deinem Geist. Jede Bewegung deines Körpers. Jede Entscheidung, die du triffst. Wohin du gehst, was du tust, und die Einstellungen, die dich antreiben, beginnen alle im Kopf. Wenn dein Geist scharf und wach ist, ist für dich nichts unmöglich.

Wie können wir also unseren Geist abhärten?

Erstens: Führe deine Kämpfe im Geheimen. Viele Menschen wollen ihre Kämpfe in die Welt hinaustragen. Diese Menschen sind mehr auf der Suche nach Sympathie als nach Antworten. Sie wollen, dass sich andere mit ihnen identifizieren und ihre Probleme mitfühlen. Im Verborgenen zu kämpfen, baut innere Stärke auf. Zeiten der stillen Einkehr können viel mehr bewirken als unterstützende Nachrichten von unseren Facebook-Freunden.

Ziehe vertrauenswürdige Mentoren hinzu. Nur weil du deine schweren Zeiten im Verborgenen bewältigst, heißt das nicht, dass du sie allein bewältigen musst. Überlege dir genau, wem du deine tiefsten Geheimnisse anvertrauen kannst. Die meisten Menschen können damit nicht umgehen und versagen manchmal dabei, Vertraulichkeiten zu wahren. Ein oder zwei vertrauenswürdige Berater helfen dir, Gespräche über deine Probleme zu führen, so dass sie zu mehr als nur einem bloßen Gejammer werden. Stattdessen wird daraus eine Strategiesitzung, in der Lösungen und bewährte Verfahren besprochen werden.

Bleib in schwierigen Zeiten objektiv. Erinnerst du dich an unsere Ausführungen darüber, dass du unabhängig von den guten oder schlechten Umständen, die dich umgeben, standhaft bleiben sollst? Das kann dazu beitragen, einen starken Geist zu entwickeln. Wenn du immer wieder auftauchst und die Dinge tust, für die du verantwortlich bist, stärkt das deine mentale Stärke.

Bilde dir deine eigene Meinung. In einer Studie wurden einer Gruppe von zehn Teilnehmern drei Linien gezeigt – Linie A,

Linie B und Linie C. Eine der drei Linien, Linie B, war deutlich länger als die anderen beiden. Die meisten Teilnehmer/innen entschieden sich jedoch für Linie A oder Linie C. Warum? Neun Personen im Raum wurden angewiesen, nicht Linie B zu wählen. Der Rest der Gruppe diente als Schauspieler, damit die Forscher sehen konnten, ob diese Person ihre Meinung angesichts gegenteiliger Ansichten und Ideen aufrechterhalten konnte.

Es ist zwar immer klug, die Meinung anderer zu berücksichtigen, aber es ist nicht klug, die eigene Sichtweise zu ändern, nur um die Sichtweise der anderen zu übernehmen. Mentale Stärke zu entwickeln bedeutet, auch gegen Widerstände zu seiner sorgfältig begründeten Meinung zu stehen.

Zu mentaler Stärke gehört auch die Fähigkeit, sich zu ändern, wenn es nötig ist. Wenn du dir den vorherigen Absatz vor Augen hältst, entwickelst du mentale Stärke, wenn du mit Fakten konfrontiert wirst, die einen Richtungswechsel oder eine Änderung deiner Meinung erfordern. Bleibst du bei deiner Meinung, obwohl klar ist, dass du falsch liegst, schwächt das deine geistigen Fähigkeiten und auch dein Ansehen. Sobald du alle Fakten kennst, wäge sie ab, als ob du mit dem Ergebnis nichts zu tun hättest. Dann entscheide dich für die beste Vorgehensweise. Das kann bedeuten, dass du deine bisherige Haltung änderst.

Emotionale Abhärtung

Wir sind denkende Wesen. Aber wir sind auch fühlende Geschöpfe. Unsere Gefühle sind nicht unsere Gegner. Sie sollen uns helfen, die Welt um uns herum zu verstehen und uns zu schützen. Unsere Gefühle zeigen uns, wie unsere Umwelt auf uns wirkt, und warnen uns hoffentlich, wenn Gefahr droht. Sie lenken unsere Aufmerksamkeit auch auf Dinge, die hilfreich und gut für uns sind.

Wenn uns die Gefühle jedoch über den Kopf wachsen, helfen sie uns nicht mehr. Stattdessen lassen sie jeden Anreiz unverhältnismäßig groß erscheinen und machen uns unfähig, umsichtig und mit Bedacht zu entscheiden. Du kennst sicher Leute, die sich offenbar nur auf der Grundlage ihrer Gefühle verhalten (vielleicht warst du ja sogar selbst diese Person). Es ist schwer, mit solchen Leuten zu kommunizieren. Sie treffen überstürzte Entscheidungen. Ihre Fehler häufen sich im Laufe der Zeit, bis sie ein so verworrenes Netz geschaffen haben, dass es schwer ist, es zu entwirren und die Teile ihres Lebens wieder an ihren richtigen Platz zu bringen. Das Leben als hyperemotionale Menschen macht sie anfällig für die geringsten Bedrohungen. Sie leben in einem ständigen Zustand der Angst, der Besorgnis und des Misstrauens.

Emotionen, die außer Kontrolle geraten, halten uns in einem Überlebensmodus und hindern uns daran, unser wahres Selbst zum Ausdruck zu bringen. Wenn du die Gefühle erlebst, die mit deinem wahren Selbst verknüpft sind, kannst du sie als Werkzeug einsetzen. Dein Denken und Verhalten steht dann im Einklang mit den höher schwingenden Emotionen wie Liebe, Mitgefühl, Vergebung und Dankbarkeit. Wenn du dich von den reinen Überlebensmustern deines Selbst löst, wirst du feststellen, dass deine Gedanken mit deinen Gefühlen übereinstimmen, wenn du dich mit alltäglichen Fragen, Problemen und Schmerzen auseinandersetzt, aber auch in Krisenzeiten.

Die Fortschritte in der Technologie haben dazu geführt, dass wir uns in der Cyberwelt abhärten müssen. Cyberangriffe können Unternehmen und Regierungen zerstören und die persönlichen Daten von Millionen von Verbrauchern gefährden. Deshalb müssen Unternehmen lernen, ihre Internetpräsenz abzusichern, damit sie einen Angriff überleben können. Es scheint, dass jeder Bereich unserer Welt über Abhärtung nachdenken muss.

Genau dieses Modell der systemischen Abhärtung machen wir uns zu eigen, wenn wir uns überlegen, wie wir die Schwachstellen in unserem Leben beseitigen können. Die systemische Abhärtung ist ein vierstufiger Prozess: prüfen, erkennen, abschließen und kontrollieren.

In der Phase der Prüfung betrachten wir unseren aktuellen Zustand, so wie er ist, und nicht, wie wir ihn uns wünschen oder wie wir ihn uns vorgestellt haben, bevor wir ihn genauer unter die Lupe genommen haben. Die Prüfung soll völlig unvoreingenommen erfolgen. Es geht lediglich darum, dich zu fragen:

- Wo stehe ich?
- Wie gehe ich mit den Angelegenheiten in meinem Leben um, sowohl mit guten als auch mit schlechten?
- Bin ich großzügig und freundlich, wenn es erforderlich ist?
- Bin ich hart und unnachgiebig, wenn ich das sein sollte?
- Kümmere ich mich rücksichtsvoll um mich selbst?
- Kümmere ich mich um andere in einer vernünftigen Weise, die ihnen hilft, ohne mein Wertesystem in Frage zu stellen?
- Bin ich in finanzieller Hinsicht wachsam, was meine Ausgaben, meinen Zugang zu Krediten, mein Sparen und meine Investitionen angeht?

- Sind meine Beziehungen gesund und für beide Seiten vorteilhaft?
- Fühle ich mich geistig stark oder könnte ich Hilfe gebrauchen?
- Ist mein Körper ein Spiegelbild der konsequenten Fürsorge, die ich mir innerlich und äußerlich zukommen lasse?
- Spiegelt mein Handeln die geistigen Maßstäbe wider, die mir wichtig sind, oder gibt es Bereiche, die im Widerspruch dazu stehen?

In der Phase des „Erkennens" suchen wir uns einfach die Bereiche heraus, die uns schwach und ungeschützt erscheinen. Wir wissen, dass das Erkennen der erste Schritt zur Weiterentwicklung ist. Du kannst nicht reparieren, was du nicht eingestehst, dass es defekt ist. In dieser Phase wird jeder Bereich einfach erfasst, damit der nächste Schritt erfolgen kann.

In der Phase des „Abschließen" wird für jeden ermittelten Bereich eine ausführliche und konkrete Strategie entwickelt, wie der Bereich gestärkt werden kann. Dies ist kein Wunschzettel mit esoterischen Hoffnungen und Zielen. Stattdessen müssen konkrete Handlungsschritte skizziert werden, zu denen man sich verpflichtet.

Die „Kontrollphase" bringt diese Abläufe zusammen, denn man kann nur das handhaben, was man auch messen kann. In der Kontrollphase nimmst du eine Selbsteinschätzung vor, um festzustellen, ob die von dir umgesetzten Aktionsschritte die gewünschten Ziele erreichen oder nicht. Wenn ja, kannst du entscheiden, ob du sie beibehalten oder verstärken willst. Wenn nicht, ist es an der Zeit, zur Erkennungsphase zurückzukehren.

Hast du das richtige Anliegen herausgefunden? Wenn du dir sicher bist, dass es so ist, dann war in der Kontrollphase etwas falsch.

Aber Achtung: Veränderungen in deinem Leben brauchen Zeit. Stell dir einen großen Ozeandampfer vor, der wenden muss. Es braucht sehr kleine Korrekturen über viele Stunden, um das Schiff in eine andere Richtung zu bringen. Wenn du erwartest, dass sich sofort eine deutliche Verbesserung einstellt, verzerrt das deine Einschätzung. Nimm dir lieber einen Bereich nach dem anderen vor und ändere ein paar kleine Dinge.

Wenn zum Beispiel deine Finanzen aus dem Ruder gelaufen sind, wäre es ein Fehler, alles ändern zu wollen. Stattdessen könntest du damit beginnen, deine Kreditkarten aus dem Portemonnaie zu nehmen, nur noch Bargeld auszugeben und jede Woche einen kleinen Betrag zum Sparen zur Seite zu legen. Große Veränderungen sind schwierig. Denk daran: „Kleine Schritte sind oft bedeutsamer als große Sprünge!"

Kapitel 12

Krankheit: Lektionen des Lebens und der Liebe

„Die Seele gehört zu den Bereichen des Menschen, die von Ärzten und Wissenschaftlern auf der ganzen Welt am meisten vernachlässigt werden. Dabei ist sie für unsere Gesundheit genauso wichtig wie das Herz und der Verstand. Es ist an der Zeit, dass die Wissenschaft die vielen Facetten der Seele untersucht. Der Zustand unserer Seele ist meist die Ursache für viele Krankheiten."

~ *Suzy Kassem,* Rise Up and Salute the Sun:
The Writings of Suzy Kassem

Im Jahr 2019 wurden die ersten Fälle von COVID-19 aus der ganzen Welt gemeldet. Dann, im Jahr 2020, begannen die westlichen Nationen zuzugeben, dass ihre Bürger infiziert worden waren und dass sich die Krankheit in Kürze ungehindert auf der ganzen Welt ausbreiten würde. Als Reaktion auf die Krise forderten die Regierungen der Welt ihre Bürger auf, sich in Sicherheit zu bringen. Diese Lockdowns hielten fast zwei Jahre lang an. Viele Regierungen schrieben sie vor und verlangten, dass die Menschen ihren Impfpass vorzeigen, um Unterhaltungseinrichtungen zu besuchen, oder in Restaurants zu essen.

Die Pandemie veränderte das Leben der Menschen fast überall, wo sie auftrat. Einige der Veränderungen waren erfreulich. Menschen lernten mehr darüber, wie sich Viren verbreiten, und erkannten hoffentlich den Nutzen guter Hygienegewohnheiten wie häufiges Händewaschen und das Vorhalten der Hand beim Husten und Niesen. Aber es gab auch einige unbeabsichtigte Folgen.

Als sich die Pandemie ausbreitete, verloren viele Menschen ihre Arbeit. Einige behaupteten, sie seien an einem Tag zur Arbeit gegangen und am nächsten Tag entlassen oder gekündigt worden. Das Ganze war eine traurige Angelegenheit. Hunger und Armut breiteten sich genauso schnell aus wie das Coronavirus, und die Schlangen für kostenlose Lebensmittel wuchsen.

Doch im Jahr 2021 wurden Impfstoffe entwickelt und zur Verfügung gestellt. Die meisten Länder boten sie kostenlos an. Die Ausbreitung schien sich zu verlangsamen. Und trotz Varianten wie Delta und Omicron öffneten sich viele Länder teilweise oder vollständig wieder. Dennoch blieben viele Geschäfte, Schulen, Ämter und andere Einrichtungen geschlossen. Aber warum?

Ein Besuch in einem der umliegenden Geschäfte Ende 2021 oder Anfang 2022 zeigte die Symptome einer wachsenden Krankheit in der Gesellschaft. Schilder mit der Aufschrift „Personal gesucht", die an den Fenstern, im Eingangsbereich und an strategischen Stellen im Laden angebracht waren, wiesen auf den Personalmangel hin, mit dem die Arbeitgeber in den USA und anderen Ländern weltweit zu kämpfen haben. Arbeitnehmer in den USA hatten sich zum Beispiel an den staatlichen Konjunkturprogrammen bereichert, die sie während der Pandemie unterstützt hatten. Die Arbeitslosenhilfe wurde auf ein noch nie dagewesenes Maß ausgedehnt, und staatliche Bonuszahlungen in Höhe von vielen tausend Dollar hatten den Arbeitswillen vieler amerikanischer Bürger zum Erliegen gebracht.

Gleichzeitig waren die Nutzung des Internets und die Beiträge in den sozialen Medien so hoch wie nie zuvor. Und ein immer wiederkehrendes Thema war die Verzweiflung der Jugend über die Krise.

Die Generationen X und Y scheinen verwöhnt und nicht in der Lage zu sein, ihre Motivation bei der geringsten Herausforderung aufrechtzuerhalten. Obwohl ein Großteil der Jugendlichen während der Coronavirus-Pandemie unbegrenzten Internetzugang, Smartphones und Videospiele hatte, verbrachten viele von ihnen Stunden damit, ihre traurigen Videos darüber zu posten, dass die Welt für sie keinen Sinn mehr ergab. Die pandemiebedingten Einschränkungen kamen ihnen wie das Ende der Welt vor. Sie waren nicht in der Lage, mit plötzlichen Veränderungen umzugehen, dabei mussten sie lediglich in ihren eigenen vier Wänden bleiben und nicht wie vorherige Generationen in den Krieg ziehen.

Im Gegensatz dazu erlebte die Greatest Generation Armut, Krieg, Hunger und Mühsal, aber sie legte den Grundstein für die größte Ära der Menschheitsgeschichte. Tom Brokaw, der den Begriff geprägt hat, schreibt in seinem Buch *The Greatest Generation*:

- Sie gingen gut mit Veränderungen um
  In der modernen Welt, in der das kleinste Verkehrschaos oder die kleinste Enttäuschung Menschen in Rage versetzen

kann, waren die Angehörigen der Kriegs-Generation , Menschen, die sich ständig an eine sich schnell verändernde Welt anpassen mussten. Europa befand sich im Umbruch, und die USA waren dabei, ihre Position als Weltmacht zu festigen. Der Zweite Weltkrieg brach aus und veränderte das tägliche Leben für zwei Jahre und sogar für das folgende Jahrzehnt. Diese Generation war davon geprägt, harte Zeiten zu überstehen. Sie durchlebten die Große Depression und entwickelten unglaubliche Bewältigungsstrategien.

- Sie hatten keine Angst vor harter Arbeit
  Während der Weltwirtschaftskrise hat diese Generation vielleicht den ganzen Tag gearbeitet, nur um fünf Cent zu verdienen. Die Arbeitsmoral war groß, denn viele litten unter Arbeitslosigkeit. Nur wenn man härter arbeitete als der Arbeiter neben einem, konnte man sicher sein, am nächsten Tag Arbeit zu bekommen.

- Sie neigten zur Sparsamkeit
  Diese Generation verschwendete nie etwas. Sie warfen nichts weg. Die Verschwendungssucht der heutigen Zeit, in der ein kaputter Gegenstand weggeworfen und ersetzt wird, würde die Generation der Großen Depression empören. Diese Generation wusste, wie man Uhren repariert, kaputte Möbel wieder zusammenbaut und in verschiedenen Umgebungen kocht. Lebensmittel wurden nie weggeschmissen. Sie waren oft rationiert, wurden aber immer aufgegessen. Die Schlangen vor den Suppenküchen waren lang, um die Arbeitslosen, Hungrigen und Obdachlosen zu ernähren. Lebensmittel zu verschwenden kam also nie in Frage.

- Sie glaubten an Opferbereitschaft
  Viele Männer meldeten sich zum Militär und dienten auf dem Schlachtfeld. Aber auch Frauen übernahmen ihre Rolle. Nur wenige hatten die Ehre, zu dienen. Aber diejenigen, die zurückblieben, nahmen Jobs in den Fabriken an, um die von den Männern frei gewordenen Stellen zu besetzen. Andere nähten Uniformen. Einige dienten als Krankenschwestern. Und wieder andere sammelten Metall, das im Krieg gebraucht wurde.

Generation X und Y könnten von dieser Generation viel über das Überleben, die Anpassung und das Auskommen mit wenig lernen. Während die Generation X äußerst konsumorientiert ist, entwickelte sich in der Generation Y und Z in den letzten Jahren eine Tendenz zur Wertschätzung der alten Werte. Reiner Konsum wird von ihnen zunehmend stärker kritisiert. Im Modebereich achten diese Generationen stärker auf Fairfashion, gründen nachhaltige Labels mit besseren Arbeitsbedingungen für die Arbeitnehmer unter Einbeziehung von Gleichberechtigung der Rassen und verschiedenen Körpergrößen. Auch gebrauchte Kleidung oder Vintagestücke sind bei der Hipster-Liga sehr beliebt. Auf den sozialen Plattformen werden Videos gedreht, welche die Zuschauer anleiten, wie sie selbst alte Möbel restaurieren oder im Do-it-yourself-Verfahren etwas herstellen können. Handwerkskunst, plastikfreies Kochen mit Naturprodukten und die Besinnung auf naturverbundene Werte sind bei den beiden Generationen, die sich vergleichsweise stark für die Klimakrise einsetzen, stark im Kurs. So lernt jede Generation aus den Fehlern der letzten und nutzt die neuen Möglichkeiten zur Verbesserung der aktuellen Situation.

Struggles

My-mindguide.com

Kapitel 13

Misserfolge und Ängste

Was dich verletzt, segnet dich. Dunkelheit ist deine Kerze.
~ Rumi

OOO

Die kurze Antwort auf die Frage „Wer bin ich?", lautet wie folgt: Du bist, wer du sagst, dass du bist. Oder besser gesagt, du bist, was du glaubst zu sein. Wenn du glaubst, dass du das Ergebnis von negativen Ereignissen in deinem Leben bist, wirst du dich auch so verhalten. Wenn du dich deinen Fehlern und Ängsten beugst, wirst du für immer von ihnen bestimmt werden.

Wir haben uns mit einigen Punkten beschäftigt, die Menschen zurückhalten, mit den dunklen Orten in unserem Leben, an denen es schwierig wird, sich eine Zukunft vorzustellen, die sich von der Gegenwart unterscheidet. Wir haben darüber gesprochen, dass es bei Hindernissen nicht auf das Problem oder die Widrigkeiten ankommt, mit denen du konfrontiert bist, sondern auf deine Einstellung und deinen Umgang mit ihnen. Hindernisse können deine neue Leidenschaft oder deinen Ehrgeiz entfachen. Sie geben dir den Weg vor, den du gehen musst, um der Mensch zu werden, der du sein sollst. Daran führt kein Weg vorbei. Zuerst gibt es ein Hindernis, das zu deiner Prüfung wird. Wenn du dich ihm stellst und es überwunden hast, wird es zu deinem Zeugnis und deinem Erfolg.

Sowohl Abenteuerlustige als auch Naturliebhaber sind immer auf der Suche nach neuen Abenteuern und Orten, die nur wenige Menschen auf der Erde zu sehen bekommen. Einer dieser Orte ist der Preikstolen in Norwegen. Er ist nicht besonders hoch, lediglich 604 Meter. Allein der Weg zum Gipfel ist eine der schönsten und malerischsten Wanderungen, die du unternehmen kannst. Deine Tour beginnt am Fuße des gewaltigen Felsens. Das Gebirge ist mit prächtigem Grün gesprenkelt, denn die Bäume zwängen sich aus der verhärteten Granitlandschaft nach oben, um die Sonne zu begrüßen und von den kühlen und erfrischenden Regenfällen genährt zu werden. Die Bergkette verläuft am Rande eines kristallklaren Fjords, der sich in der Ferne kilometerweit erstreckt. Diese herrliche Schönheit ist das Ergebnis einer Partnerschaft zwischen Gott und der Zeit, die vor fast 10.000 Jahren begann und seit der Eiszeit besteht.

Inmitten dieser Schönheit und dieses Wunders gibt es jedoch eine schreckliche und tödliche Bedrohung: den Sturz von der Kante. Wenn du den Gipfel des Felsens erreichst, die fast flache Spitze des Felsens, gibt es nichts, was zwischen dir und einem 600 Meter tiefen Sturz in den wahrscheinlichen Tod steht. Die Betreiber der Attraktion haben sich dafür entschieden, die Schönheit der Aussicht nicht mit Seilen, Toren, Glaswänden oder anderen Barrieren zu stören. Du kletterst auf eigene Gefahr. Wenn du oben angekommen bist, kannst du innehalten und den Blick über den Fjord schweifen lassen. Oder du kannst ganz bis zum Rand gehen, bis deine Zehen kribbeln, weil du einen weiteren Schritt nach vorne wagen willst.

Im Jahr 2013 wurde in den örtlichen und internationalen Nachrichten berichtet, dass ein Mann aus Spanien, der den Preikstolen besuchte, zu nahe an die Kante trat, ihm schwindelig wurde, er das Gleichgewicht verlor und von der Kante stürzte, wobei er auf den darunter liegenden Felsen zu Tode stürzte. In Norwegen und anderen Ländern entbrannte eine Debatte über die Gefährlichkeit des Felsens. Einige schlugen sogar vor, die beliebte Touristenattraktion, die jedes Jahr 300.000 Besucher anzieht, zu schließen. Auf der einen Seite der Debatte standen diejenigen, die die Wanderung lieben und den anstrengenden zwei- bis dreistündigen Fußmarsch auf den Gipfel auf sich nehmen, um die atemberaubende Aussicht zu genießen. Diese Enthusiasten kämpften dafür, den Gipfel offen zu halten. Ihre Argumente waren stichhaltig: Die Errichtung eines Zauns würde den fast himmlischen Blick auf den Fjord verdecken. Sie führten sogar an, dass die Schönheit des steilen Abhangs, der sich in den Fjord hinunterstürzt, genauso reizvoll ist wie das Wasser. Andere meinten, dass die Attraktion ein zu großes Risiko darstelle. Die öffentliche Sicherheit an diesem Ort müsse über alles gestellt werden. Der Tod dieses Mannes, so meinten sie, sei ein abschreckendes Beispiel. Die norwegischen Regierungsvertreter schlugen einen Kompromiss vor und forderten, einen sehr kleinen Sicherheitszaun als Barriere zu errichten. Das würde eine unvorsichtige Person davor bewahren, zu weit hinauszugehen und versehentlich in die Tiefe zu stürzen, meinten sie.

Viele Touristen wiesen auf einen überzeugenden Aspekt des Preikstolen hin, den diejenigen, die sich um die Sicherheit sorgten, bei ihren Überlegungen vielleicht nicht bedacht hatten: Die vielen tausend Menschen, die sich in den Jahren seit der Eröffnung der Attraktion auf den Weg gemacht hatten, taten dies ausdrücklich wegen der Gefahr. Sie genossen es, sich selbst herauszufordern, indem sie den Berg hinaufkletterten und sich der Kante näherten. Die Touristen fanden etwas in sich selbst, Mut, Wagemut, wer weiß, das sich darin ausdrückte, zum Rock zu kommen. Sie stellten sich der Angst und besiegten diese durch diese einzigartige Erfahrung. Jedes Hindernis würde die Herausforderung verringern und damit die Belohnung schmälern.

Überraschenderweise waren es nicht nur Erwachsene, die sich auf den Weg zum Pulpit Rock machten. Ein großer Prozentsatz der Wanderer, die den Gipfel erreichten, waren Kinder. Mit ihrer Vorliebe für Abenteuer und ihrem Wagemut spazierten die Kinder fröhlich auf die Klippe hinaus und setzten sich direkt an den Rand, während sie fröhlich ihre kleinen Beine hin und her schwangen. Sie schienen völlig unbeeindruckt gewesen zu sein von der Gefahr, bei einem Sturz von der Kante zerschmettert zu werden. Und doch war noch kein einziges von ihnen jemals zu Schaden gekommen. Nachdem sie sich beide Seiten angehört hatten, eröffneten die Verantwortlichen des Preikstolen die Attraktion wieder, ohne etwas zu ändern. Diesmal hat das Argument gesiegt, dass es besser ist, sich der Angst zu stellen, als sich vor ihr zu verstecken.

Es gibt noch eine weitere Lektion, die wir von Preikstolen lernen können. Diese Lektion lernen wir von jenen Bergsteigern, die den Gipfel erreichen und einen ziemlich einfachen, geraden, flachen Felsen sehen, der zu der Kante führt, von der aus man die beste Aussicht hat. Genau dafür sind sie ja auch aufgestiegen. Aber sobald sie das eindrucksvolle Granitplateau sehen, das in Richtung des furchteinflößenden Abgrunds ragt und in den lieblichen Lysefjord hinabsinkt, sind sie nicht in der Lage, auch nur einen Schritt vorwärts zu machen. Die Besucher bleiben wie erstarrt, mit ihren teuren Kameras und dem Wunsch die Aussicht zu genießen, stehen, doch sie können keinen einzigen Schritt machen. Nachdem sie Zeit und Geld investiert haben, um nach Norwegen zu kommen, und es den ganzen Weg den Berg hinauf geschafft haben, bleiben sie stehen, bevor sie ihr einzigartiges Ziel erreichen. Sie haben den Rand eines der beeindruckendsten Orte der Welt erreicht, aber sie wissen, dass ihr Weg noch nicht zu Ende ist. Ihr Ziel war es nie, nur die Spitze des Abgrunds zu erreichen. Ihr Ziel war es, über das Plateau zur Kante zu laufen und ihre Zehen an den Abgrund zu drücken.

Sie stehen da, während Hunderte von Menschen von unten an ihnen vorbeiziehen, begierig darauf, zur Kante hinüberzulaufen, und Hunderte von oben an ihnen vorbeilaufen, berauscht von dem, was sie gerade erlebt haben. Aber für die Gefesselten und Erstarrten ist es ein Misserfolg. Die Besucher werfen keinen Blick auf den Fjord. Stattdessen sehen sie sich selbst, wie sie Hunderte von Metern über die Kante stürzen und ihre Körper an den scharfkantigen Felsen zerschmettern, während Freunde und Besucher entsetzt zuschauen.

Diese Menschen müssen etwas über sich selbst lernen. Sie müssen sich mit mehr als ihrer Angst auseinandersetzen. Diese Besucher müssen sich ihren eigenen Vorstellungen und den Visionen stellen, denen sie sich beugen. Sie müssen sich mit ihren Zielen und ihrer Hingabe an diese Ziele auseinandersetzen. Wenn sie dem Erfolg so nahe kommen und dann wie gelähmt sind, müssen in ihrem Kopf mächtige Denkmuster ablaufen. Dies ist eine Dunkelheit der Seele, ein Ort, der sie verfolgt. Diese Wanderer wussten nicht, dass dieselbe Angst, die in der Dunkelheit ihrer Gedanken lag, auch den Mut enthielt, den sie gebraucht hatten, um den ersten Schritt zu tun. Nach dem ersten Schritt hätten sie den zweiten getan. Zentimeter für Zentimeter hätten sie es geschafft. Und mit jedem Schritt wäre mehr von der herrlichen Aussicht, die sie anstrebten, sichtbar geworden. Die Besucher hätten die Unsterblichkeit erreicht, wenn auch nur für einen Moment.

Wir benutzen das Wort „leben", um den Zustand des Atmens, des Bewusstseins usw. zu beschreiben. Aber Leben hat eine tiefere Bedeutung, die nur in Momenten von extremer Schönheit, tiefer Liebe, Verbundenheit mit der Erde oder dem Überwinden von Angst erfasst werden kann. Wenn du die Angst hinter dir lässt, offenbart sich dir eine Welt, die du zwar vermutet hast, für deren Existenz du aber bisher keine Beweise hattest. Wie stellen wir sicher, dass wir leben? Verstecken wir uns vor Kampf, Risiko und Angst und begnügen uns mit dem Wissen, dass wir ein- und ausatmen? Oder entfernen wir die Schutzschicht, die uns vor Gefahren bewahrt, damit wir herausfinden können, wer wir wirklich sind? Ich entscheide mich für Letzteres.

Gott setzte die besten Dinge im Leben auf der
anderen Seite der Angst.
~Will Smith

***

Wo siehst du dich auf der metaphorischen Wanderung hinauf zum Preikstolen? Stehst du immer noch am Fuße des Berges und schaust nach oben, weil du dich nicht traust, den anspruchsvollen und herausfordernden Aufstieg zu wagen? Oder bist du auf dem Weg und gehst Schritt für Schritt den Berg hinauf? Stehst du neben den armen Seelen, die es bis zur Spitze geschafft haben, aber zu ängstlich waren, um die paar Schritte bis zum Rand zu gehen? Oder stehst du voll im Leben und bist bereit, deine Angst zu überwinden, um das Beste zu erleben, was das Leben dir zu bieten hat?

Ich weiß, was es bedeutet, wenn Angst und Tod einen anstarren und nicht zurückweichen wollen. Der Tod war in vielen Phasen meines jungen Lebens greifbar. Aber ich habe mich entschieden, nicht davor zurückzuschrecken. Ich wünsche mir für dich dieselbe Entschlossenheit und denselben Mut. Das Ergebnis ist, dass du das eigene Schicksal selbst bestimmen kannst. Ich ermutige dich, an den Rand zu treten, zu sehen, was das Leben dir zu bieten hat, und die fantastische Aussicht zu genießen.

Woran erkennst du, dass du kurz davor bist, Großes zu leisten? Dafür gibt es viele Möglichkeiten. Eine Möglichkeit, um zu wissen, dass etwas Wichtiges in deinem Leben ansteht, ist die Angst. In dieser Hinsicht ist die Angst dein Freund, denn sie warnt dich davor, dass etwas Außergewöhnliches passieren wird. Der Höhepunkt deiner Angst könnte auch der Höhepunkt einer Gelegenheit sein. Angst hat einen schlechten Ruf, und wir tun alles, um sie zu vermeiden. Stattdessen sollten wir versuchen, sie unter Kontrolle zu bringen und uns ihr zu stellen. Kämpfe nicht gegen deine Angst an. Frage dich, was die Angst dir sagen will. Fliehe nicht vor ihr.

Meditation und Achtsamkeit können dir helfen, deine Angst zu kontrollieren. Durch Meditation lernst du, dir die Kraft deines Geistes zunutze zu machen. Der Meditationsexperte Jack Kornfield schreibt:

Obwohl die meisten von uns zutiefst von der Angst geprägt sind, vermeiden wir es zumeist, ihr Wesen direkt zu erforschen. Weil wir uns ihrer Funktionsweise nicht bewusst sind, ist die Angst oft eine unbewusste Triebfeder in unserem Leben. Wenn Angst aufkommt, sei es Angst vor Schmerzen, Angst vor bestimmten Gefühlen oder Angst vor dem Tod, lädt uns eine Meditation der achtsamen, liebevollen Wahrnehmung dazu ein, die Angst selbst zu erforschen und zu verstehen. Wie fühlt sie sich an? Welche Empfindungen treten im Körper auf? Wo sind sie zu finden? Gibt es Bilder oder Vorstellungen in unserem Geist? Wir können genau hinschauen, um die Kombination von Erfahrungen zu erkennen, die wir Angst nennen, um ihre wahre Natur zu verstehen. Wenn wir das tun, erkennen wir, dass Angst auch eine vorübergehende antrainierte Erfahrung ist, und dann lässt sie sich viel besser bewältigen.

Fang einfach an. Wenn die Angst auftaucht, benenne sie leise und nimm wahr, was sie mit deinem Atem und deinem Körper anstellt und wie die Angst dein Herz beeinflusst. Nimm wahr, wie lange sie anhält. Sei dir der Bilder bewusst. Nimm die Empfindungen und Gedanken wahr, die sie begleiten, die beängstigenden Geschichten, die sie erzählen. Angst ist oft eine Vorahnung der Zukunft, eine Vorstellung, die oft unbegründet ist. Wie Mark Twain schon sagte: „In meinem Leben habe ich unvorstellbar viele Katastrophen erlitten. Die meisten davon sind nie eingetreten."

Wenn wir mit dem furchtsamen Geist arbeiten, bekommen wir natürlich zunächst Angst. Wenn wir jedoch irgendwann unsere Augen und unser Herz für den furchtsamen Geist öffnen und ihn sanft „Angst, Angst, Angst" nennen und seine Energie spüren, während er sich durch uns bewegt, verändert sich unser Angstgefühl und wird schließlich zur Erkenntnis: „Oh, Angst, da bist du ja wieder. Ich kenne dich. Wie bemerkenswert, dass du gekommen bist." Schließe Freundschaft mit deiner Angst.

∗∗∗

Angst kann eine wirkungsvolle Hilfe sein, die uns hilft, große und wichtige Momente in unserem Leben zu erkennen. Immer wenn wir mit Angst zu tun haben, haben wir verschiedene Möglichkeiten, wie wir darauf reagieren können. Manche Ängste sagen uns, dass es am besten ist, vor der drohenden Gefahr zu fliehen. In anderen Situationen sollten wir auf die Gefahr zugehen, zum Beispiel jemanden retten, der ertrinkt.

Angst betrifft jeden von uns und zwar sowohl in guten als auch in schlechten Momenten. Sie kann sowohl auf dem Weg zum Erfolg als auch beim Scheitern auftreten. Wir können einen Hauch von Angst verspüren, wenn wir an unserem Hochzeitstag vor dem Pfarrer stehen, und wir können Angst haben, wenn wir vor Gericht landen und einem Richter gegenüberstehen. Mach dir klar, dass du für jede Situation bestens gerüstet bist, um diese zu meistern. Es kann sogar hilfreich sein, diese Worte als Mantra auszusprechen. „Ich schaffe das." Wenn du diese Worte immer wieder aussprichst, hilft dir das, deine Entschlossenheit zu festigen. Niemand kann dem Gefühl der Angst entkommen. Aber wir alle können lernen, besser mit ihr umzugehen und sie zu bewältigen.

Wenn du deine Angst in den Griff bekommst, hast du soviel mehr Freiheit. Manchmal ist Angst einfach nur ein Hochgefühl, das sich einstellt, wenn du dich so aufgeregt fühlst wie noch nie zuvor. Dieses Hochgefühl ist eine gewaltige Angelegenheit mit vielen Ebenen, die es zu entschlüsseln gilt. Aber wir wollen nur eine davon herausgreifen. In der Literatur taucht der Begriff zum ersten Mal auf, als er „die Entstehung eines glücklichen Herzens" beschreibt. Der Begriff, auf Englisch exhilaration, ist ein wunderschönes Wort, das aus demselben Wortstamm wie hilarious oder hilarity (heiter, Heiterkeit) stammt. Es ist die Art von Freude und eine besondere Art von Lachen, die nicht dadurch entsteht, dass man etwas Komisches hört, sondern die aufkommt, wenn man etwas tut oder erlebt, das das Herz wirklich glücklich macht. Sie kann nicht durch ein Lächeln aufgefangen oder ausgedrückt werden. Dafür erzeugt sie eine Art Ausgelassenheit, die der Seele entspringt und ansteckend ist.

Das ist die Art von Freude, die Alex Honnold erlebt hat. Er ist berühmt für eine Art des Kletterns, die Free Solo genannt wird und bei der der Kletterer den Fels allein und ohne Sicherheitsausrüstung erklimmt. Diese Art des Kletterns ist gefährlich und hat schon zu vielen Todesfällen geführt. Aber für Alex und andere, die diese Art des Kletterns ausüben, ist es die Art von Hochgefühl, die wir gerade besprochen haben. Sein Leben wird in einem Dokumentarfilm festgehalten, der seine Besteigung des El Capitan im Yosemite Nationalpark in den USA zeigt. Einer der ergreifendsten Momente des Films ist, als Alex den Gipfel des El Capitan erreicht. Obwohl er ein ruhiger und bedächtiger junger Mann ist, der nur selten ein Lächeln zustande bringt, sieht man ihm an, dass er von seinen Gefühlen überwältigt ist, als er seinen Fuß auf die Spitze des Felsens setzt. Er zittert vor Aufregung und lacht lauthals. Hochgefühl. Dann blickt er zurück auf den Felsen, den er gerade mit nichts anderem als seinen Nerven, seinem stählernen Willen und ein bisschen Kreide erklommen hat, um seine Hände trocken zu halten.

Man könnte sich fragen, warum jemand sein Leben auf diese Weise in Gefahr bringen würde. Es scheint leichtsinnig zu sein. Schließlich gibt es keinen wirklichen Grund, den Felsen auf diese Weise zu erklimmen, außer zu sagen, dass man es getan hat. Aber Alex glaubt, dass er genau dafür geschaffen wurde. Ohne das wäre sein Leben unvollständig. Die Angst kann ihn nicht aufhalten. Das Risiko des Todes reicht nicht aus, um ihn aufzuhalten. Die Bitten seiner Familie können ihn nicht davon abhalten. Er muss auf Berge klettern. Also tut er es.

Es gibt keinen Vergleich dazu, das zu tun, was man sich vorgenommen hat. Selbst wenn es gefährlich oder riskant ist, fühlst du dich auf unerklärliche Weise dazu hingezogen. In der Nacht vor dem Klettern schläft Alex in einem Wohnwagen am Fuße des Berges. In der Dunkelheit versöhnt er sich mit seiner Angst und Nervosität. Er überlegt, was ihn seine Entscheidung kostet, erinnert sich an sein Training und schläft dann ein.

Ein Motivationsredner riet seinen Zuhörern einmal, die Zeit, die sie fernsehen, zu begrenzen. Er erklärte, dass Menschen, die im Fernsehen auftreten, bereits ihren Traum leben. Die Zuschauer sehen ihnen stumm dabei zu, wie sie das tun, wozu sie geboren wurden. Der Redner schlug vor, dass jeder Zuhörer sich damit beschäftigen sollte, seine eigenen Träume zu leben, anstatt nur dabei zuzusehen, wie andere ihre Träume leben.

Kreativität statt Konsum, kann man diesen Leitsatz nennen. Aktiv zu agieren und seine eigene Kreativität auszuleben, ist ein sicherer Weg zum eigenem Glück.

Der moderne Mensch konsumiert eine unglaubliche Menge an Fernsehen, YouTube und sozialen Medien. Die meisten Menschen berühren ihr Handy mehr als hundert Mal pro Tag. Eine überwältigende Mehrheit von ihnen schläft mit ihrem Handy ein und nimmt es sogar mit auf die Toilette. Es ist, als ob wir zu einer Welt von Menschen geworden sind, die von anderen, die ihr Leben genießen, in den Bann gezogen werden, während wir uns über unseres beklagen. Ich will damit nicht sagen, dass das Fernsehen keinen Wert hat. Vieles davon ist lehrreich und informativ. Aber ein großer Teil besteht aus sinnlosen Versuchen, die Aufmerksamkeit der Zuschauer zu halten. Die Messlatte sinkt immer weiter nach unten.

Noch schlimmer ist, dass der Fernsehkonsum bei Kindern noch stärker ist als bei Erwachsenen. Die Nielsen Company berichtet, dass Kinder jeden Tag bis zu sechs Stunden fernsehen. Es ist kein Zufall, dass diese Generation von Jugendlichen kränker, dicker und depressiver ist als ihre Vorgänger.

Es gibt unzählige Beschäftigungen, die Kindern die gleiche Freude bereiten könnten, wie sie Alex Honnold gefunden hat. So könnten Kinder ihre Tage damit verbringen, nach der einen großen Sache zu suchen, die sie motiviert und inspiriert.

Kapitel 14

Bewusstsein

Wir haben erfahren, dass das Unterbewusstsein um ein Vielfaches mächtiger ist als der bewusste Verstand. Es spielt alle unsere Zweifel und Ängste ab. Es probt unsere Fehler ein, als wären sie eine Kassette, die in einer Schleife abgespielt wird. Wenn wir unser Bewusstsein schärfen, können wir uns die Aufnahme anhören und uns anders entscheiden, was wir glauben wollen. Wenn wir aufmerksam sind, beobachten wir unsere Gedanken, Handlungen, Überzeugungen, Gefühle und Fehler. Wir können unser Verhalten und unsere Denkweise hinterfragen und wissen, dass wir sie in Einklang bringen müssen, um voranzukommen. Bewusstsein ist der Schritt, vom Beifahrersitz auf den Fahrersitz zu wechseln und das Lenkrad unseres Lebens in die Hand zu nehmen.

Wenn wir aufmerksam sind, sind wir bei allen alltäglichen Handlungen voll und ganz gegenwärtig. Wir befinden uns im Jetzt – im Augenblick. Wenn wir nicht aufmerksam und vollständig gegenwärtig sind, übernehmen die Bilder

der Vergangenheit die Kontrolle über unsere Gedanken. Depressionen können durch ständiges Nachdenken über die Vergangenheit oder durch Ängste, Sorgen und Furcht vor der Zukunft ausgelöst werden. Der ideale Punkt ist die Gegenwart – hier und jetzt, während wir auf zukünftige Ziele hinarbeiten.

Alle Lebensformen zeigen Überlebensstrategien. Das gilt für alle Tiere ebenso wie für die einzelnen Zellen im Körper. Wenn einer Zelle in einer Petrischale ein Gift zugeführt wird, werden die Zellen mit der Zeit auf die andere Seite wandern, um so weit wie möglich von der Bedrohung entfernt zu sein. Wird dagegen eine Nahrungsquelle in die Schale gegeben, die die Zellen nutzen können, werden sie sich mit der Zeit dorthin bewegen. Wir sind eine Ansammlung von 50 Billionen Zellen. Und wir können uns nicht gleichzeitig auf etwas zu und von etwas weg bewegen. Entweder befinden wir uns im Überlebensmodus der Selbsterhaltung oder wir befinden uns im Schöpfungsmodus.

Durch unser Bewusstsein können wir herausfinden, ob unsere Gedanken oder Verhaltensweisen eher der Selbsterhaltung oder der Kreativität dienen. Indem wir uns entscheiden, eher kreativ zu sein als uns zu schützen, können wir anfangen, einen anderen Weg einzuschlagen.

Die Fähigkeit, unsere eigenen Gedanken und Verhaltensweisen wahrzunehmen, wird als Metakognition bezeichnet. Es ist wichtig, sich daran zu erinnern, dass wir nicht allein aus unseren Gedanken bestehen. Wenn wir uns dessen bewusst sind, können wir einen negativen Gedanken wahrnehmen, aber trotzdem eine andere Entscheidung für uns treffen. Wir können uns für etwas

Besseres, Größeres entscheiden, das mehr mit unserem Ziel und unserer Leidenschaft übereinstimmt.

Solange wir keinen Frieden damit schließen, wie die Situation ist, können wir nicht auf die Zukunft hinarbeiten und uns selbst befähigen, das Steuer in die Hand zu nehmen. Wir versetzen uns selbst in den Überlebensmodus, wenn wir uns weigern, das Bestehende zu akzeptieren.

Wenn wir die Verantwortung für das Hier und Jetzt übernehmen, beginnt unsere wahre Macht. Mach dir klar, dass du die Fähigkeit besitzt, deine Gegenwart und Zukunft zu gestalten. Je schneller du das annehmen kannst, desto schneller kehrst du in den aktuellen Augenblick zurück. Wenn du dich auf die Vergangenheit konzentrierst und über sie klagst, befindest du dich nicht in der Gegenwart. Du bist in der Vergangenheit gefangen und von der schönen Gegenwart abgeschnitten.

Das Gehirn ist immer auf der Suche nach Werten. Wenn du dein Gehirn darauf trainierst, in Dramen, Herzschmerz und Traurigkeit Werte zu finden, wird es immer wieder danach suchen. Wenn du aber deine Welt erweiterst, um andere bedeutungsvolle Orte zu finden, bringst du deinem Gehirn bei, Wert in positiveren Orten zu finden.

Einer der schnellsten Wege, deinen Gemütszustand von Depression, Wut, Angst und Sucht zu ändern, ist, aktiv zu werden. Das Handeln kommt an erster Stelle. Dann folgt die Erleichterung, anschließend das Hochgefühl. Du wirst feststellen, dass sich die anderen Bereiche deines Lebens mit deinem neuen Ausdruck in Einklang bringen lassen. Wenn du dich bewegst, bewegt sich das Universum auf dich zu. Und du musst keine großen Veränderungen vornehmen. Selbst die kleinste Bewegung des Ruders kann ein großes Schiff zum Wenden bringen.

Wenn du frustriert oder schuldbewusst dasitzt und versuchst, dieselben Gedanken und Gefühle einzusetzen, die das Problem verursacht haben, führt das nur zu mehr davon. Du vergrößerst das Problem nur. Es reicht schon, wenn du aufstehst, deine Schuhe anziehst und zehn Minuten um den Block spazieren gehst, um den endlosen Kreislauf von negativen Gedanken und Gefühlen zu durchbrechen, die wiederum negative Gedanken hervorrufen. Die Erweiterung deines Bewusstseins durch Meditation oder Hypnotherapie kann dich auf die nächste Stufe bringen.

Viel zu viele Menschen versuchen, sich aus ihren Problemen herauszudenken, ohne zu erkennen, dass ihr Denken (Mindset) die Hauptursache für die Probleme darstellt, die sie gerade erleben. Genauso verhält es sich, wenn wir zulassen, dass unser Überlebenstrieb unsere Denkweise bestimmt. Wenn wir Wut, Schuldgefühle, Scham, Frustration oder Schuldzuweisungen empfinden und unseren Zustand nicht ändern, indem wir handeln und etwas an unserer Umgebung ändern, können wir nur Gedanken entwickeln, die diesen Gefühlen entsprechen. Wenn du Wut verspürst, denkst du wütende Gedanken. Wenn du in deinem Körper das Gefühl von Schuld und Scham spürst, ist das ein Anzeichen dafür, worauf sich dein Verstand konzentriert.

Sei dir bewusst, wo du bist und was du denkst. Der Schlüssel dazu lautet: Wenn es so sein soll, dann liegt es an mir. Ergreife also eine Maßnahme, die dich aus deinem jetzigen Zustand herausholt und zu einem aufgeklärteren Ort bringt. Einige Maßnahmen, die du ergreifen kannst, sind:

- Spazierengehen
- Ins Fitnessstudio gehen
- Schwimmen gehen
- Meditieren
- Deine Ziele aufschreiben
- Einen Freund anrufen (benutze niemals einen Freund als Resonanzraum, um dich in deinem Zustand zu bestärken)

Frag dich, was du dir mehr wünschst: den Schmerz deiner Vergangenheit oder das grenzenlose Potenzial, das in deiner Zukunft liegt. Vergiss nicht, dass jede Entscheidung, die wir treffen, entweder die Ereignisse unserer Vergangenheit wieder aufleben lässt, so dass wir in einer vorhersehbaren Komfortzone verharren, oder unsere Zukunft bestimmt, indem wir einen Schritt ins Unbekannte wagen.

Erhöhtes Bewusstsein ist eine Reise ... eine Übung. Sei behutsam mit dir selbst, während du dich weiterentwickelst. Trau dich, dir selbst Mitgefühl zu schenken. Gratuliere dir für jeden Schritt nach vorne. Aber verharre nicht im Selbstlob. Bleib in Bewegung.

Anthony K. Tjan von Harvard Business schreibt darüber, wie sich Achtsamkeit sowohl auf dein Geschäftsleben als auch auf dein Privatleben auswirken kann:

Meditiere. Ja, meditiere. Wie die meisten Menschen inzwischen wissen, ist Meditation die Übung, die dein Bewusstsein von

Augenblick zu Augenblick verbessert. Die meisten Formen der Meditation beginnen damit, dass du dich auf die Einfachheit des Ein- und Ausatmens konzentrierst und diese wertschätzt. Aber das muss nicht unbedingt förmlich oder ritualisiert ablaufen – mehr Klarheit kann auch durch regelmäßige Momente des Innehaltens und Nachdenkens entstehen. Ich persönlich versuche, eine größere Bewusstheit zu erlangen, indem ich mir einfach ein paar Sekunden Zeit nehme, um mich auf meine Atmung zu konzentrieren, oft vor dem Schlafengehen und manchmal auch mit einer der vielen Apps, die mir dabei helfen. Während dieser Meditationen stelle ich mir auch eine Reihe von Fragen, unter anderem:

- Was versuche ich zu erreichen?
- Was von dem funktioniert, was ich tue?
- Was bremst mich in meinem Tun aus?
- Was kann ich ändern?

Schreibe deine wichtigsten Pläne und Schwerpunkte auf. Eine der besten Methoden, um das Selbstbewusstsein zu stärken, ist, aufzuschreiben, was du erreichen willst und deine Fortschritte zu verfolgen. Warren Buffet zum Beispiel ist dafür bekannt, dass er zum Zeitpunkt einer Investition sorgfältig die Gründe dafür aufschreibt. Seine Tagebucheinträge dienen als historische Aufzeichnung, mit deren Hilfe er beurteilen kann, ob die zukünftigen Ergebnisse auf ein gutes Urteilsvermögen oder einfach nur auf Glück zurückzuführen sind.

Benjamin Franklin führte eine „Bilanz" über die Aktiva und Passiva seiner persönlichen Eigenschaften. Indem er alle Verbesserungen festhielt, von denen er glaubte, sie von anderen lernen zu können, und alle von ihm selbst wahrgenommenen Schwächen aufschrieb, konnte er besser einschätzen, ob der „Nettowert" seines Charakters im Laufe der Zeit wuchs.

***

Wenn du dir dein wahres Ich nicht bewusst machst und nicht anerkennst, wer du heute bist, kann das dazu führen, dass du dich nicht bewegen kannst und dich festgefahren fühlst. Du wirst immer danach streben, eine Norm zu erfüllen, die unmöglich zu erreichen ist. Ja, du veränderst dich. Aber die Grundlage für deine Veränderung muss die Annahme dessen sein, was du heute bist – und das muss aus einem Ort der Liebe und Vergebung kommen. Die Gefühle, die mit dem wahren Selbst verbunden sind, in dem unsere Liebe, Leidenschaft, unser Mut, unsere Kreativität und unsere Zielstrebigkeit liegen, sind die Gefühle, die wir erforschen sollten. Jedes Gefühl, das dich von dem Ort der Liebe, der Akzeptanz und des Glaubens wegführt, ist ein Gefühl, von dem du dich verabschieden solltest.

Die wichtigsten Gefühle, die mit dem wahren Selbst verbunden sind und nach denen du suchen solltest, sind:

- Liebe (die tiefste Verbundenheit mit und Zuneigung zu anderen)
- Mitgefühl (die Fähigkeit, den Schmerz anderer zu spüren und angemessen darauf zu reagieren)
- Durchsetzungsvermögen (die Wahrheit sagen, die Schutzlosen verteidigen, mit den eigenen Werten in Einklang stehen, für die Wahrheit einstehen und sprechen, Grenzen setzen)

- Dankbarkeit (der höchste Zustand, in dem du das Geschenk des Lebens anerkennst, das du erhalten hast. Durch sie finden wir Verantwortung und ein Gefühl der Sinnhaftigkeit)
- Hochgefühl (das Gefühl der reinen Freude, das aus der Verwirklichung eines lohnenswerten Ziels entsteht und ein glückliches Herz hervorbringt)

Diese positiven Ausdrucksformen des Lebens machen unser Dasein reich und erfüllt. Die negativen Gefühle (Gier, Hass, Wut und dergleichen) sind die negativen Ausdrucksformen des Lebens. Wenn du in einem Zustand der Bewusstheit verweilst, kannst du beurteilen, welche Auslöser dich vom Positiven ins Negative ziehen. Wenn du dir darüber im Klaren bist, kannst du dich wieder bewusster entscheiden.

Kapitel 15

Finde deinen Mut

Es erfordert mehr Mut, die dunklen Ecken der eigenen Seele zu erkunden, als wie ein Soldat auf einem Schlachtfeld zu kämpfen.
~ William Butler Yeats

Es erfordert viel mehr Mut, emotional verletzlich zu sein, als zu handeln und in Wut und Gewalt zu verfallen. Dennoch reagieren die meisten Menschen auf die Ereignisse des Lebens, indem sie handeln, besonders wenn sie sich hilflos fühlen und die Kontrolle verloren haben. Mut zu finden beginnt damit, den Mut zu haben, man selbst zu sein. Sich selbst zu kennen, ist die wichtigste Errungenschaft, denn aus diesem Wissen heraus kann man sich weiterentwickeln. Der reinste Ausdruck des eigenen Selbst ist die Grundlage für alles, was man in der Welt tun kann.

Der Mut, ganz man selbst zu sein, bedeutet, dass man mit jedem Teil von sich selbst verbunden ist: mit seinen Gefühlen, seinen Zielen und seinen Fehlern. Sie alle sind wichtig.

Mut durch Emotionen
Deine Gefühle sind ein wesentlicher Bestandteil deines wahren Selbst. Sie beinhalten deine Traurigkeit, deine Freude

und deine Sorgen. Das Wort „Emotion" stammt aus dem Altfranzösischen und bedeutet „Energie in Bewegung" oder „in Bewegung kommen". Deine Emotionen sollten nicht dein Verhalten bestimmen, sondern dir als Leitfaden dienen, um zu verstehen, wie du über eine Situation denkst oder fühlst.

Manchmal können deine Gefühle versuchen, eine Machtposition einzunehmen und dich dazu drängen, etwas zu tun oder zu lassen. Lass dich nicht von deinen Gefühlen leiten. Bleibe in einer selbstbewussten, durchsetzungsfähigen Position, die alle dir zur Verfügung stehenden Erkenntnisse berücksichtigt. Deine Gefühle sind nur ein Teil dieser Gleichung.

Mut, dich deinen Gefühlen zu stellen, bedeutet anzuerkennen, dass du dich auf eine bestimmte Art und Weise fühlst, und dann zu entscheiden, wie du auf diese Gefühle reagieren willst. Manchmal wirst du entscheiden, was du in der jeweiligen Situation für angemessen hältst, und diese Gefühle solltest du erkunden. Zu anderen Zeiten wirst du vielleicht feststellen, dass deine Gefühle in eine Spirale geraten sind, und wenn du ihnen gehorchst, triffst du vielleicht eine falsche Entscheidung.

Alles in allem sind Gefühle nie schlecht oder falsch. Die Emotionen sind nur da, um uns mehr Anhaltspunkte zu geben. Wenn Gefühle mit Sachlichkeit und Vernunft einhergehen, können wir klügere Entscheidungen treffen.

Alle Gefühle, die mit unserem wahren Selbst verbunden sind, versetzen uns in eine selbstbestimmte Lage, in der wir dynamisch, frei denkend und ausdrucksstark sind. Alle

Gefühle, die von äußeren Kräften kontrolliert oder ausgelöst werden, die uns in eine Spirale treiben, versetzen uns aus einer Position der Macht in eine Opferhaltung, in der wir glauben, dass die Welt über uns bestimmt und wir keine Macht haben, die Geschehnisse zu beeinflussen.

Es gibt zwar einige seltene Situationen, in denen wir wirklich nichts tun können, aber die allermeisten Alltagsprobleme verlangen von uns eine Reaktion. Wir sind in der Lage, den Verlauf unseres Lebens zu gestalten und zu lenken, anstatt uns von Ereignissen, die wir für außerhalb unserer Kontrolle halten, in die eine oder andere Richtung treiben zu lassen. Nur sehr wenig liegt außerhalb unserer Kontrolle.

Unser wahres Selbst kommt dann zum Ausdruck, wenn wir den Mut aufbringen, verletzlich zu sein und echte Gefühle zu empfinden. Für viele von uns sind es Kummer, Traurigkeit und Trauer, die wir unterdrücken, was ein Widerstand gegen das ist, was in unserem Leben gerade passiert. So sieht die Definition von Leiden aus. Anstatt uns unseren Gefühlen zu stellen und zu überlegen, was wir in einer bestimmten Situation tun können, um sie zum Besseren zu wenden, geben wir auf und drücken unsere Hilflosigkeit in Form von Wut, Depression, Sucht, Schuldzuweisungen, Selbsthass und dergleichen aus. Das sind äußere Anzeichen für die innere Zerrissenheit, wenn die Gefühle umherschwirren und keinen Platz haben, an dem sie sich niederlassen können.

Der Weg der Veränderung hin zu einem starken, selbstbewussten, denkenden und vernünftigen Ich lässt sich nicht von heute auf morgen mit einer Pille in den Griff bekommen, die deine Probleme plötzlich verschwinden lässt. Du selbst erschaffst das Meisterwerk, das dein wahres Selbst ausmacht. Es kann nicht überstürzt werden. Es lässt sich nicht mit einer App finden. Es gibt nicht den einen Ort, an dem du deine Gefühle stärken kannst. Es gibt keine Abkürzung für emotionale Weiterentwicklung. Es gibt nur gezieltes Handeln, das über einen längeren Zeitraum durchgeführt wird.

Mut zu deiner Bestimmung

Um Mut zu finden, musst du im Laufe der Zeit immer wieder in die richtige Richtung gehen. Du musst dich immer wieder hinterfragen. Eine der besten Übungen, die du machen kannst, ist es, dir selbst bedeutsame Fragen zu stellen, denn das bringt dein wahres Ich zum Vorschein und bestärkt dich darin, dass du viele der Antworten, die du suchst, bereits kennst.

Tausende von Büchern wurden über dieses Thema geschrieben, und es werden noch Tausende folgen. Warum schreiben und lesen so viele Menschen über das Thema Bestimmung? Ich glaube, es liegt daran, dass unser größter Wunsch ist, unsere Bestimmung zu finden. Alles, was wir wollen und brauchen, ist mit unserer Daseinsberechtigung verbunden. Die Bestimmung ist die erste der vier großen Fragen des Lebens:

- Was ist meine Bestimmung?
- Woher weiß ich, was richtig und was falsch ist?
- Woher komme ich?
- Was passiert, wenn ich sterbe?

Man kann mit Fug und Recht behaupten, dass sich die meisten Menschen mit diesen Fragen auseinandersetzen müssen. Wir alle versuchen, den Sinn des Lebens zu verstehen. „Was ist meine Aufgabe?" „Welche Rolle spiele ich auf dieser Welt?" „Welche Rolle spiele ich in jeder Situation?" „Was ist mein wahres Potenzial?"

Dann geh in die Welt hinaus und handle entsprechend. Wenn du deine Kraft nutzt und den Mut findest, dich mit deinen Gefühlen zu versöhnen, kannst du dich von der Vergangenheit befreien und dich auf das Hier und Jetzt konzentrieren.

Deshalb musst du tief in dich gehen, dir darüber klar werden, was du in diesem Leben wirklich willst, und dich mit diesem Entschluss verbünden. Deine Bestimmung ist vergleichbar mit dem Verhalten von Piraten, wenn sie einen großen Schatz erbeuteten: Sie vergruben ihn. Die Suche nach Sinn und Zweck außerhalb deiner selbst wird dich immer weiter suchen lassen. Dies ist ein Irrweg. Sinn und Entschlossenheit werden sich nie einstellen, wenn du außerhalb von dir nach deiner Bestimmung suchst.

Fasse stattdessen den Mut, nach innen zu schauen, um deine Bestimmung zu erkennen. Das kann zunächst beängstigend sein, vor allem, wenn du an negative Denkmuster über dich selbst geglaubt hast. Jahre der Selbstabwertung und des Versagens, dein wahres Potenzial auszuschöpfen, könnten dich glauben lassen, dass es keinen Wert hat, nach innen zu blicken. Aber so wie die imaginären Piraten ihren Schatz in der Erde vergraben haben, könnte deine Bestimmung unter einer Decke aus schlechten Ideen, Misserfolgen, falschen Glaubenssätzen und anderem Dreck vergraben sein. Um auf Gold zu stoßen, musst du dich durch all das hindurcharbeiten.

Mut zum Scheitern

Es gibt sowohl frühere Fehlschläge als auch die Angst vor zukünftigen Misserfolgen. Jeder muss sich seinen eigenen Drachen stellen. Schauen wir uns zunächst die vergangenen Misserfolge an.

Du weißt wahrscheinlich schon, dass du dich nicht in ein neues Schicksal stürzen kannst, wenn du dich an die Schmach oder den Schmerz der Vergangenheit klammerst. Vergangene Misserfolge können manchmal wie Anker wirken. So wie ein großer Anker ein Schiff an seinem Platz hält, können dich deine eigenen vergangenen Misserfolge an dem Ort festhalten, an dem du den Fehler gemacht hast.

Der Ablauf sieht also so aus: Du willst ein Unternehmen gründen, bist begeistert von den Aussichten und setzt einen Plan in die Tat um. Dann bekommst du eine Fehlermeldung. Die Vergangenheit wehrt sich gegen deinen Wunsch, voranzukommen, indem sie dich an das Unternehmen erinnert, das du einmal gegründet hast und das nicht erfolgreich war, an den Freund, der bei einem Geschäftsabschluss alles verloren hat, oder an den Berg von Papierkram und Bürokratie, den du erledigen musst.

Oder vielleicht verknallst du dich in eine attraktive Person. Ihr verabredet euch zu einem ersten Date. Alles sieht großartig aus. Doch dann meldet sich die Vergangenheit mit einer Fehlermeldung. Du erinnerst dich an deine letzte unschöne Trennung oder eine lange, harte Scheidung. Du denkst an all deine Fehler oder sogar an die möglichen Fehler der anderen Person.

In diesen Zeiten, wenn du diese Fehlermeldungen erhältst, wird dein Charakter auf die Probe gestellt. Solche Bewährungsproben sind gut, wenn du angemessen auf sie reagierst. Eine Probe soll dir zeigen, wo du in einem bestimmten Gebiet stehst. Sie deckt Schwachstellen in deiner Panzerung auf. Wenn du darauf reagierst, indem du dich zurückziehst und erklärst, dass alles verloren ist, hast du die Probe nicht bestanden. Wenn du jedoch an den Punkten deines Charakters arbeitest, die repariert werden müssen, hast du gewonnen.

Du solltest niemals den negativen Gedankenmustern erliegen, die sich ganz automatisch einstellen. Du kannst deinen Verstand hören, der sie dir zuruft:

- Ich reiche nicht aus.
- Ich bin fehlerhaft.
- Ich weiß nicht genug.
- Ich bin ein schlechter Mensch.
- Ich habe etwas Schlimmes getan.
- Ich habe nicht das, was es braucht.

Das sind nur einige der Fehlermeldungen, die du erhältst, wenn du versuchst, voranzukommen. Sie sind die Anker, die dein sprichwörtliches Schiff vom Kurs abbringen. Du machst dir Sorgen, dass du denselben oder einen ähnlichen Fehler wiederholen wirst. Und das kann tatsächlich passieren, wenn du nicht den entscheidenden Schritt getan hast, dir den vergangenen Fehler anzuschauen und ihn zu untersuchen. Wenn das der Fall ist, wird er dich immer bedrohen und dich davon abhalten, deine Zukunft zu ergreifen. So viele Menschen, die alles tun, um den Schmerz der Vergangenheit zu vermeiden, bleiben in einem Ereignis gefangen, das Jahre oder sogar Jahrzehnte zurückliegt.

Stattdessen sagen sie vielleicht Folgendes über die gescheiterte Unternehmung:

- Ich habe so viel aus diesem Misserfolg gelernt. (Dann zähle die gewonnenen Erkenntnisse auf.)
- Das gescheiterte Unternehmen steht für eine Vielzahl von Fehlern, die ich nie wieder machen werde.
- Ich habe den Papierkram hinter mir, also wird es dieses Mal zumindest ein bisschen einfacher sein.
- Ich gehe nicht mit der Angst vor der Vergangenheit an dieses Geschäft heran. Dies ist ein Neuanfang.

Und das könnte man über die gescheiterte Beziehung sagen oder fragen:

- Was habe ich getan, um zum Scheitern der Beziehung beizutragen?
- Habe ich mich schlecht entschieden oder mich schlecht verhalten?
- Wenn ich mich schlecht entschieden habe, welche charakterlichen Schwächen war ich bereit, zu übersehen, um diese Beziehung zu führen?
- Welchen Ballast habe ich in die Beziehung mitgebracht, der ihr geschadet hat?
- Bin ich mit den falschen Erwartungen in die Beziehung gegangen?

Das ist die Art von Selbstbeobachtung, die uns aufbaut, statt uns zu zerstören.

Wenn du scheiterst, darfst du dich nicht selbst fertig machen. Dies ist eine Strategie des Scheiterns. Dein innerer Tyrann genießt es, dich zu vermöbeln. Das Über-Ich hat die Aufgabe, dir zu sagen, was du alles nicht schaffst. Du kannst die Stimmen der Menschen hören, die dich in der Vergangenheit kritisiert haben. Dein bewusster Verstand muss sich über das Unterbewusstsein hinwegsetzen. Du musst dich neu orientieren. Betrachtest du die Welt aus dem richtigen Blickwinkel? Verhältst du dich auf die günstigste Art und Weise? Hast du dir die richtigen Ziele gesetzt?

Wir behandeln das Thema Scheitern im nächsten Kapitel ausführlicher. Im Moment ist deine Aufgabe, den Mut aufzubringen, dich dem Scheitern zu stellen und zu erkennen, dass du aus ihm etwas Wertvolles über dich und die Welt lernen kannst.

Struggles

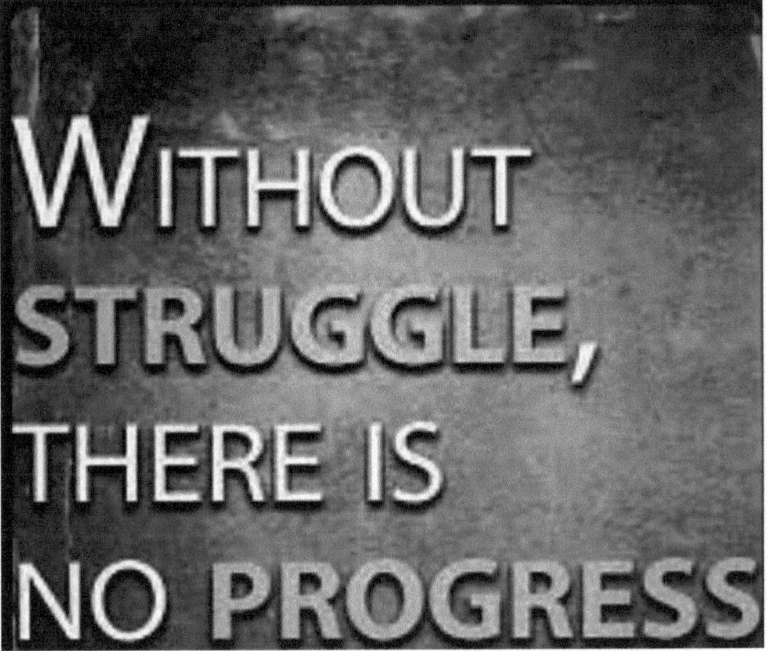

My-mindguide.com

Kapitel 16

Häufig auftretende Fallstricke

„Man gibt immer den Umständen die Schuld für das, was man ist. Ich glaube nicht an Umstände. Diejenigen, die in der Welt vorankommen, gehen hin und suchen sich die Umstände, die sie wollen und wenn sie sie nicht finden können, schaffen sie sie selbst."
~ George Bernard Shaw, Frau Warrens Gewerbe

Was solltest du tun, wenn in deinem Leben ein Hindernis auftaucht? Wir wissen, dass Aufgeben grundsätzlich keine gute Idee ist. Aber was genau bedeutet es, aufzugeben, und gibt es eine Rechtfertigung dafür, ein gescheitertes Vorhaben aufzugeben?

Sei aufmerksam
Wenn die Dinge schief laufen, und das werden sie irgendwann, musst du einfach darauf achten, woran es gescheitert ist. Achte sehr genau darauf. Genau darauf zu achten bedeutet nicht, sich darüber zu beschweren. Es bedeutet nicht, dass du dich deswegen selbst fertigmachst. Und schon gar nicht bedeutet es, jemanden zu finden, der die Schuld daran trägt.

Genau darauf zu achten bedeutet, sich selbst aus der Situation herauszunehmen und sie als objektiver Dritter zu betrachten. Das ist eine höchst nützliche Denkübung, die dir hilft, die Ereignisse in deinem eigenen Leben mit einem kritischen Auge zu betrachten. Von diesem Standpunkt aus können wir so tun, als wären wir nicht persönlich betroffen und die Situation so beurteilen, als ob uns ein Freund um Rat fragen würde.

Ruhe!

Wir haben schon oft darüber gesprochen, wie du deinen inneren Kritiker zum Schweigen bringst. Dieser innere Kritiker motiviert dich nicht und hilft dir auch nicht, durchzustarten. Er belastet dich nur, indem er dir von deinen Misserfolgen erzählt. Du musst nicht nur den inneren Kritiker zum Schweigen bringen, sondern auch die Kritiker auf der Welt zum Schweigen bringen.

Vielleicht hast du schon von dem Phänomen der Krabben im Fass gehört. Falls nicht, die Theorie besagt, dass Krabben so gemein, hasserfüllt und eifersüchtig sind, dass sie, wenn sie eine andere Krabbe sehen, die an der Seite des Fasses hochklettert, um zu entkommen, drei andere Krabben auf ihren Rücken springen und die Krabbe wieder herunterziehen. Der Gedanke dahinter ist, dass die anderen Krabben entschlossen sind, keine einzige Krabbe entkommen zu lassen, wenn sie selbst nicht entkommen können. Deshalb sieht man selten einen Deckel auf einem Eimer mit Krabben. Man braucht ihn nicht. Die Wahrscheinlichkeit, dass eine Krabbe entkommt, ist gering. Aber es gibt noch eine andere Möglichkeit. Viele Krabbenarten leben in einer Gemeinschaft von Krabben, in der alle Krabben aufeinander angewiesen sind, um zu überleben. Je größer die Gemeinschaft ist, desto sicherer ist jede einzelne Krabbe. Wenn eine Krabbe versucht zu entkommen, bedroht sie die übrigen Mitglieder der Gruppe. Die Gemeinschaft hat die Aufgabe Nahrung zu sammeln und Raubtiere fernzuhalten. Wenn die anderen Krabben den Ausbrecher sehen, denken sie vielleicht an ihr eigenes Überleben. Das könnte der Grund dafür sein, dass die anderen Krabben entschlossen handeln, wenn einer versucht zu entkommen.

In dieser Hinsicht sind Menschen den Krabben sehr ähnlich. Wenn du große Schritte in deinem Leben machst, erwartest du, dass die Leute um dich herum dich unterstützen und dir zum Erfolg verhelfen. Aber oft bist du überrascht, dass der Chor der Befürworter klein ist, aber die Gruppe der Neinsager zu wachsen scheint. Es ist wichtig, dass du den Neinsagern keinen Glauben schenkst. Es ist nicht so, dass sie dich nicht mögen oder dir nicht alles Gute wünschen. Vielmehr bedroht deine Flucht ihre Denkmuster. Deine Mitmenschen tragen ihre Armut, ihr Versagen oder ihre Probleme wie ein Ehrenzeichen, anstatt die Lehren zu ziehen, die du daraus gezogen hast, um ein erfüllteres Leben zu führen. Sie wollen nicht in die harte Arbeit, die Zeit, das Blut, den Schweiß und die Tränen investieren, um sich zu ändern. Sie sagen sich, es sei zu schwer. Es sei nicht machbar. Und sogar unmöglich. Dein Erfolg beweist ihnen das Gegenteil und entlarvt ihren Unwillen oder ihre Unfähigkeit, die notwendige Selbstreflexion zu betreiben, um ihr Leben für immer zu ändern. Indem diese Menschen deinen Erfolg in den Schmutz ziehen, hilft ihnen das, ihre eigenen Unzulänglichkeiten zu verbergen. Liebe sie trotzdem. Aber höre nicht auf sie. Man sollte nie Rat von jemandem annehmen, der selbst nicht in der Lage war das Ziel zu erreichen, was man anstrebt.

Hör zu

Hast du schon einmal ein Kompliment erhalten und es weggeschmettert wie einen Tennisball? Genauso wie wir unsere Kritiker zum Schweigen bringen müssen, müssen wir unseren Unterstützern zuhören und darauf vertrauen, dass ihr Lob aufrichtig und ehrlich ist. Erlaube ihnen, Worte der Ermutigung zu sprechen, ohne ihnen das Kompliment auszureden. Ein einfaches „Danke, das bedeutet mir sehr viel" ist alles, was nötig ist. Es ist nicht üblich, dass Menschen Lob aussprechen. Wenn sie es also tun, nimm es entgegen. Du wirst feststellen, dass diese aufmunternden Worte deine Entschlossenheit gerade dann stärken, wenn du sie am meisten brauchst. Geh nicht in die Falle, sowohl der Kritik als auch dem Lob zu glauben. Wie die Rocklegende Bruce Springsteen schon sagte:

Die meisten Künstler, die ich kenne, hatten eine Person in ihrem Leben, die ihnen versicherte, sie seien die Wiederkunft des Jesuskindes, und eine andere Person, die ihnen einredete, sie seien nichts wert, und sie glaubten beiden, verstehst du?

~ Bruce Springsteen

***

Akzeptiere das Scheitern

Es gibt nur einen Weg, Misserfolge zu überwinden. Nämlich es noch einmal zu versuchen. Scheitern ist kein Scheitern, wenn du nicht aufgibst. Aber wenn du dich dazu entscheidest, es noch einmal zu versuchen, trainierst du deinen Geist, durchzuhalten. Du lernst, Hindernisse zu schätzen, weil sie dich stärken.

Wenn du dich über schwierige Zeiten im Leben beschwerst, bleibst du in einer negativen Haltung gefangen. Wenn du lernst, für alles dankbar zu sein – im Guten wie im Schlechten –, kannst du eine positive Einstellung bewahren, die darauf vertraut, dass Gott in allen schwierigen Zeiten des Lebens zu uns steht. Auf diese Weise können wir Schwäche in Stärke verwandeln.

Genauso wie du einen schwachen Muskel zu einem starken Bizeps machen kannst, kannst du deine Schwächen in Stärke umwandeln, indem du die Dinge tust, die schwer sind. Ein Bodybuilder stemmt dazu immer schwerere Gewichte. Mit jeder Gewichtszunahme wächst auch der Muskel. Genauso werden dein Geist, deine Gefühle und deine Einstellung stärker, wenn du die Dinge tust, die dir schwer fallen. Bald werden diese schwierigen Aufgaben leichter zu bewältigen sein und du bist in der Lage, weitere außergewöhnliche Dinge zu tun. Aus Schmerz entsteht ein Ziel, aus Durcheinander entstehen Wunder und aus deiner Bestrafung erwächst schließlich Frieden.

Kapitel 17

Im hellen Tageslicht verstecken

Zu Hause ist ein Ort, den wir alle finden müssen. Aber es ist nicht nur der Ort, an dem du isst oder schläfst. Dein Zuhause bedeutet erkennen ... deinen Verstand zu kennen, dein Herz zu kennen, deinen Mut zu kennen. Wenn wir uns selbst kennen, sind wir immer und überall zu Hause.
~ Glenda, die gute Hexe, „The Wiz"

Schöne Dinge sind oft tief unter der Oberfläche verborgen. Aber manchmal sind sie auch direkt vor deinen Augen. Was du suchst, liegt oft direkt vor dir. Aber du warst vielleicht nicht in der Lage oder nicht willens, es zu erkennen, bevor ein einschneidendes Ereignis es dir offenbart hat. Ein treffendes Beispiel für dieses Prinzip ist die klassische Geschichte von Dorothy im Zauberer von Oz. Dieses Märchen hat die Zeit überdauert und ist nun schon fast einhundert Jahre alt. Sie wurde immer wieder neu verfilmt und neu bearbeitet, um ihren optischen und klanglichen Reiz zu erhöhen. Die wahre Magie der Geschichte liegt jedoch nicht in den Bildern. Stattdessen liegt er in einer mächtigen Botschaft für alle, die gut aufpassen.

Dorothy hasst fast alles an ihrem Leben, nur ihre Familie und ihren Hund liebt sie. Ansonsten besteht ihr ganzes Leben aus Leiden. Ihre Eltern sind verschwunden und lassen sie als Waise in der Obhut ihrer Tante und ihres Onkels zurück. Das Mädchen fristet ein hartes Leben auf dem Land in Kansas. Zu allem Übel fegt auch noch ein Tornado durch ihre Stadt. Dorothy und ihre Familie bringen sich in Sicherheit, aber ihr geliebter Hund entwischt auf das gefährliche Feld. In ihrem Wunsch, ihn zu retten, eilt sie hinaus und hat keine Angst, sich dem Sturm zu stellen. Das Mädchen wird tatsächlich von dem Tornado erfasst und in ein magisches Land verfrachtet. Obwohl dies ein wunderbarer Ort ist, gibt es dort neue Gefahren, auf die sie in Kansas nicht vorbereitet war. Dorothy wird von gemeingefährlichen Affen gejagt, von Mohnblumen infiziert und täglich von einer mordlustigen Hexe heimgesucht, die sie umbringen will.

Die wahre Bedeutung der Geschichte liegt darin, dass das Mädchen drei Freunde findet, denen sie hilft, ihre eigenen besonderen Fähigkeiten zu entdecken. Es ist das Ende dieser legendären Lektion in der Geschichte, auf das du unbedingt achten musst. Dorothy hilft ihren Freunden, ihren eigenen Weg im Leben zu finden. Dorothy offenbart ihnen die Dinge, die sie selbst nicht sehen konnten. Aber für sie bleibt eine Frage offen. Es ist die größte Frage ihres Lebens: Wie komme ich nach Hause?

In dieser Frage und der darauf folgenden Antwort finden wir eine beispielhafte Wahrheit, und es ist diese Enthüllung, die diese Geschichte zu einem zeitlosen Klassiker gemacht hat. Noch Generationen später werden Eltern und Kinder diese Geschichte sehen und lesen. Sie werden diese Geschichte genauso schätzen wie wir und die Generationen vor uns, denn sie spricht eine Wahrheit an, die wir alle aus dem Bauch heraus erkennen. Auch wenn wir diese Wahrheit nicht bewusst wahrnehmen, können wir den Klang der Wahrheit spüren, wenn wir sie hören und sehen.

Die Botschaft wird von Glenda, der guten Hexe, überbracht, die mit Licht und Magie auf den Plan tritt. Dorothy nimmt fälschlicherweise an, dass Glenda ihren Zauberstab schwingen wird und Dorothy so nach Hause kommt. Aber stattdessen eröffnet Glenda ihr, dass Dorothy nie eine Hexe gebraucht hätte, um ihren Weg nach Hause zu finden. Die Kraft, nach Hause zu gehen, hatte sie von Anfang an in sich.

Zuhause. Dieses Wort ist eines der tröstlichsten Wörter in der englischen Sprache. Zuhause ist ein Ort der Sicherheit, ganz klar. Es ist der Ort, an den wir uns begeben, um der Welt zu entfliehen und die Geborgenheit zu finden, die uns verjüngt und neue Energie schenkt. Aber dieser Ort der Sicherheit soll nicht nur ein Ort sein, an dem wir essen und uns ausruhen können. Er soll sowohl eine Startrampe als auch ein Landeplatz sein. Er ist die Startrampe, auf der wir unsere Raketen abschießen, um abzuheben und aufzusteigen. Aber sie dient auch als Landeplatz, an den wir zurückkehren, wenn unsere Mission erfüllt ist. Wenn wir unsere Arbeit getan haben, kehren wir an diesen Ort zurück, um uns auszuruhen, zu erholen, zu entspannen und uns auf den erneuten Start vorzubereiten.

Wenn wir in die Welt starten, ist da nicht die Geborgenheit von zu Hause, die uns Halt gibt. Alles in der Welt scheint unvorhersehbar zu sein. Alles könnte gut laufen, aber es könnte sich auch zum Schlechten wenden. Das macht die Suche nach sich selbst so entscheidend. Die Suche ist nicht auf Sicherheit ausgerichtet. Nur die Mutigen wagen sich wirklich hinaus. Wenn sie dort sind, lernen sie, stark zu sein. Stärke lernt man nicht im Klassenzimmer, sondern draußen auf der Straße. Es gibt immer Schrammen, Beulen und blaue Flecken. Das ist Teil des Lehrplans. Aber wenn wir nach Hause zurückkehren, im wörtlichen oder übertragenen Sinne, können wir stolz darauf sein, dass wir in der Welt ein Zeichen gesetzt haben.

Diese befreiende Wahrheit möchte ich dir ans Herz legen. Die Macht, die du besitzen, ausüben und darstellen willst, steckt bereits in dir, so wie sie schon in der Geschichte des Dorothy vorhanden war. Wenn du dich von Errungenschaft zu Errungenschaft bewegst, wirst du dabei immer stärker. Bodybuilder heben nie Gewichte von 500 Kilogramm. Die Sportler steigern sich schrittweise, während sie sich auf ihr endgültiges Ziel zubewegen. Die Magie liegt in der Tatsache, dass der Körper auf ihre Entscheidung, mehr Gewicht zu heben, reagiert. Das Interessante und Verblüffende am Körper ist, dass er nicht zusammenbricht und aufgibt, wenn er ein höheres Gewicht stemmen muss. Er beginnt einfach, mehr Muskeln aufzubauen, um das Gewicht zu bewältigen.

Das Gleiche gilt für dein Leben insgesamt. Wie ein altes Sprichwort sagt: „Bitte nicht um weniger Probleme. Bitte um mehr Weisheit." Oder: „Bitte Gott nicht darum, den Berg zu versetzen. Bitte ihn um die Kraft, zu klettern."

Diese großen Erkenntnisse und Entdeckungen über das Leben klingen oft wenig überzeugend, weil sie nicht einzigartig oder neu sind. Sie sind uralt. Es sind Wahrheiten, die, so glaube ich, von den frühesten Denkern und Philosophen entdeckt wurden, die die Menschheit je hervorgebracht hat. Vielleicht sind die Weisheiten sogar so alt wie die Menschheit selbst. Die moderne Gesellschaft ist immer auf der Suche nach der neuesten Entwicklung. Der neuen Idee. Aber die besten Ideen sind oft alte Ideen, die wir für selbstverständlich halten, weil wir so vertraut mit ihnen geworden sind. Sie verlieren ihr Funkeln und ihren Glanz, weil sie nicht den Pfiff eines neuen Slogans aufweisen.

Die Kraft, ein großartiges Leben zu erfinden, steckt bereits in dir, so wie es bei mir der Fall war. Aber es wird noch beeindruckender, wenn du darüber nachdenkst, dass diese Kraft schon die ganze Zeit in dir schlummerte. Der Sinn und Zweck, nach dem du dich sehnst, liegt nicht in einem fernen Land und wartet darauf, dass du ihn suchst und in Besitz nimmst. Er ist ein tiefer Brunnen, den du einfach nur anzuzapfen brauchst.

Kapitel 18

Der Schritt ins Licht

„Du bist mit einem Potenzial geboren worden.
Du bist mit Güte und Vertrauen geboren worden.
Du bist mit Idealen und Träumen geboren worden.
Du bist mit Größe geboren worden.
Du bist mit Flügeln geboren worden.
Du bist nicht zum Kriechen geboren,
also krieche nicht.
Du hast Flügel.
Lerne, sie zu gebrauchen
und fliege."
~ Rumi

Die Dunkelheit ist ein Ort, den wir alle finden und durchwandern müssen. Wie Bergleute müssen wir tief in die Höhle eindringen, um herauszufinden, was sich dort unten befindet. In der Dunkelheit entdecken wir, wer und was wir sind. Wir müssen den verschiedenen Teilen von uns erlauben, in der Dunkelheit zu wachsen, wo sie geborgen sind, um die verschiedenen Veränderungen zu durchlaufen, die nötig sind, um zu reifen. Dabei finden wir immer einen großen Schatz, für dessen Entstehung wir Zeit gebraucht haben. Diamanten werden durch drei Vorgänge zu Diamanten, die aus nichts anderem als Kohlenstoff bestehen: Hitze, Druck und Zeit. Manche Diamanten brauchen Millionen von Jahren, um zu entstehen. Andere brauchen Milliarden.

Diamanten kommen nur an die Oberfläche, wenn ein Vulkan sie aus der Tiefe hervorholt. Das Wort Diamant kommt vom griechischen Wort adamas, das unbesiegbar bedeutet. Weil Diamanten solche Strapazen auf sich genommen haben, um zu entstehen, sind sie die härteste Substanz, die wir finden konnten.

Frag irgendeinen Unternehmer, eine Schauspielerin, einen Sportler, oder was auch immer. Jeder von ihnen wird dir sagen, dass Erfolg in der Dunkelheit durch Hitze, Druck und Zeit entsteht. Zeig mir einen „Über-Nacht-Erfolg" und ich werde das Band zurückspulen, um dir Jahre und Jahre des Kampfes, der Arbeit, des Schmerzes, der Misserfolge und der Entschlossenheit zu zeigen. Die Welt sieht sie auf dem Höhepunkt ihrer Leistung und nimmt an, dass sie es schnell geschafft haben. Das stimmt aber für fast alle nicht. Ich habe einmal die Geschichte eines Mädchens gehört, das in der New Yorker U-Bahn sang und von einem Plattenproduzenten auf dem Weg zur Grand Central Station entdeckt wurde. Er soll sie mitgenommen und ihr einen dicken Vertrag angeboten haben, und sie landete einen Hit. Das ist eine tolle Geschichte. Aber ich kann nicht beweisen, dass die Erzählung wahr ist. Selbst wenn es sich so ereignet hat, ist sie nur die Ausnahme, welche die Regel bestätigt. Es gibt immer eine Entwicklungsphase, in der man arbeiten, lernen, stolpern, scheitern und wachsen muss.

Erlaube dir, all die Fehler zu machen, die nötig sind, um deinen Weg zu finden. Bemühe dich nur darum, deine Fehler nicht zu wiederholen oder zu vergrößern. Indem du dir erlaubst, Fehler zu machen und dafür sorgst, dass deine Fehler immer wieder anders sind, wächst dein Wissen über dich selbst und die Welt.

Dann, wenn du bereit bist, kannst du deinen Schatz ans Licht befördern. Eine Konzertpianistin übt vier Stunden am Tag allein oder mit einem Lehrer über viele Jahre hinweg, bevor sie ins Licht der Bühne tritt, um mit dem Symphonieorchester aufzutreten. Ein Turner trainiert zwei Stunden vor der Schule und dann viele Stunden nach der Schule, an den Wochenenden und im Sommer, bevor er auf die Wettkampfmatte tritt. Der wohl größte Basketballspieler aller Zeiten wurde von anderen als Naturtalent angesehen, das ihn mühelos zum Ruhm katapultierte. Was sie nicht wussten, war, dass er mehr trainierte als jeder andere Spieler im Team. Er erschien so früh im Trainingszentrum, dass sie anfingen, es Jordandome zu nennen.

„Der Zinseszins war die größte Erfindung
menschlichen Denkens."

~Albert Einstein

***

Kapitel 19

Leben im Licht der Wahrheit

„Es kann schwer sein, zu unserer Geschichte zu stehen, aber es ist nicht annähernd so schwer, wie unser Leben damit zu verbringen, davor wegzulaufen. Unsere Verletzlichkeit anzunehmen ist riskant, aber nicht annähernd so gefährlich, wie auf Liebe, Zugehörigkeit und Freude zu verzichten – die Erfahrungen, die uns am verletzlichsten machen. Nur wenn wir mutig genug sind, die Dunkelheit zu erforschen, werden wir die unendliche Kraft unseres Lichts entdecken."
~ Brene Brown

Es war nicht leicht, mich aus der Armut und dem Schmerz heraus zu Wohlstand und Geborgenheit zu gelangen. Es gibt Leute, die mich heute sehen und denken, so war es schon immer. Deshalb hielt ich es für notwendig, die Wahrheit über die Schwierigkeiten ans Licht zu bringen. Ich bin nicht da, wo ich bin, weil mir Anstrengungen erspart geblieben sind; ich bin da, wo ich bin, weil ich gekämpft habe. Die harten Zeiten haben mir die Kraft, den Mut und die Widerstandsfähigkeit gegeben, die mich zu dem gemacht haben, was ich heute bin. Ohne den Kampf wäre ich nur eine Hülle der Person, die ich heute bin. Aus diesem Grund musste dieses Buch geschrieben werden. Ich musste die Wahrheit sagen und die Macht des Ringens aufzeigen.

Ja, Armut, Krankheit, Unglück, Angst und andere Übel des Lebens können schmerzlich sein. Aber wir müssen lernen, die Verbindung zu unserem seelischen Schmerz zu durchbrechen und die Kraft zu nutzen, die aus der Bewältigung dieses Schmerzes entsteht.

Eine Sache, die alle inspirierenden Lehrer und Anführer in der Geschichte gemeinsam haben, ist die Fähigkeit, ihre Wahrheit auszudrücken. Wir, die Massen, blicken zu ihnen als Quelle der Inspiration, der Hoffnung und des Versprechens für eine bessere Zukunft auf. Aber wir müssen uns darüber im Klaren sein, dass die Wahrheit zu sagen auch bedeutet, dass man seine Anstrengungen offenlegen muss. Wenn du anderen offen sagen kannst, was du durchgemacht hast, gibst du dir und deinen Zuhörern gleichzeitig Kraft.

Ein Tipp, der dir helfen wird, alles aus deinem Leben herauszuholen, was es zu bieten hat, ist, dich um dich selbst zu kümmern. Du kannst nicht so viel leisten, wie du willst, wenn du körperlich ungesund bist. Wenn dein Körper krank ist, wirkt sich das auf deinen Geist aus. Nächstenliebe beginnt zu Hause. Das gilt besonders für deinen Körper. Wenn du dir selbst Liebe schenkst, wird dich das dazu inspirieren, deinen Mitmenschen etwas zu geben und sie daran teilhaben zu lassen.

Wenn du dir selbst etwas gibst, bedeutet das, dass du auf einer höheren Ebene der Wahrheit lebst. Keine Lüge ist größer als die, dass du deine körperliche, geistige, spirituelle und seelische Gesundheit vernachlässigen kannst und trotzdem erwarten kannst, erfolgreich zu sein. Wenn du dich erst einmal auf dich selbst besonnen hast, merkst du, dass du nicht mehr darauf angewiesen bist, dass andere mit deinen Entscheidungen einverstanden sind. Du fühlst dich selbstbewusst und brauchst keine Bestätigung für deine Wahrheit. Du verkörperst diese Wahrheit selbst.

Wenn du dich um dich selbst kümmerst, erzeugst du ein größeres Maß an Licht und Liebe in dir, das du an andere weitergeben kannst. Du kannst deine Traurigkeit so frei teilen, wie du deine Liebe teilst. Wenn du aus der Wahrheit heraus lebst, kannst du deine Freude ausdrücken und dein Licht verbreiten. Dadurch hast du nicht das Gefühl, dass du mit anderen konkurrierst oder dich mit ihnen vergleichst. Die einzige Person, die wir schlagen müssen, ist die Person, die wir gestern waren.

Die Pflege deines Herzens ist eine weitere wichtige Ebene der Fürsorge für dich selbst. Du lernst, Liebe zu geben, ohne zu erwarten, dass du dafür etwas zurückbekommst. Du agierst aus einem Ort der Dankbarkeit und Freude, weil du dich in allen wichtigen Aspekten des Lebens stark fühlst.

Die Liebe zu sich selbst ist der Schlüssel, nach dem du schon lange gesucht hast. Sie ist der Schlüssel zum Glück. Der Schlüssel zur Selbstbestimmung. Je länger wir uns selbst für unsere Entscheidungen und Handlungen in der Vergangenheit beschuldigen, verurteilen und angreifen, desto länger sind wir von der grenzenlosen Kraft der Selbstliebe abgeschnitten. Je länger wir uns vor der Dunkelheit verstecken, in der wir geschaffen und geformt wurden, desto länger verstecken wir uns im Schatten und verweigern uns dem Licht.

Um wirklich im Hier und Jetzt zu leben, in diesem Moment, der mit grenzenlosem Potenzial und Möglichkeiten gefüllt ist, müssen wir uns wieder mit der Liebe zu uns selbst verbinden. Damit sind wir alle geboren. Doch leider haben viele von uns durch die Schwierigkeiten, die wir in unserem Leben erlebt haben, diesen angeborenen Sinn verloren.

Erlaube dir, dich so zu lieben, wie du bist. Kehre zu dieser Liebe deines Selbst zurück, damit du dich in jeder Hinsicht gut um dich kümmern kannst, losgelöst von der Vergangenheit und voller Hoffnung für die Zukunft. Indem du im Augenblick lebst und liebst, kannst du die Bruchstellen reparieren, dich selbst heilen und die Orte erschaffen, an denen wir wirklich leben wollen.

Viele Süchte und Schmerzen entstehen aus dem Bedürfnis heraus, unsere seelischen Qualen zu verbergen und sich selbst zu helfen. Die dunkle Seite zu verstecken, ist ein immenser Antrieb. Aber wenn du dich wieder mit dieser Dunkelheit verbindest, kannst du lernen, für sie dankbar zu sein. Irgendwann wirst du an einem Punkt ankommen, an dem du auf die Prüfungen der Vergangenheit blicken und dich dafür bedanken kannst. Vielen Dank für den Schmerz, denn durch diesen habe ich gelernt, mich selbst zu heilen. Danke für die Anstrengungen, denn sie haben mich stark gemacht. Danke für die Widrigkeiten, denn sie haben mich gelehrt, Probleme zu lösen. Danke für den Regen, denn er hat mich dazu gebracht, den Sonnenschein noch mehr zu schätzen.

Gratuliere dir selbst, dass du in diesem Moment hier bist, lebst und es dir gut geht. Der Glaube an dich und deine Fähigkeiten ist wie Medizin für die Seele. Er gibt dir Kraft für die nächste Herausforderung und die nächste und die nächste.

Die Dunkelheit hat dich Mut und Entschlossenheit gelehrt. Wenn die Dunkelheit nicht wäre, wärst du ein ganz anderes Ich. Gieße dein Mitgefühl über deine eigene wundervolle Seele aus. Gratuliere dir selbst, dass du die Dunkelheit überlebt und die darin verborgene Schönheit gefunden hast.

Du hast immer das Beste getan, was du konntest. Es gibt niemanden, dem du die Schuld geben kannst – nicht deinen Eltern, nicht deinem Umfeld, nicht denen, die dich verletzt haben, und vor allem nicht dir selbst. Wir sollten nicht einmal die Dunkelheit verfluchen, denn sie hat einen wichtigen Zweck in unserem Leben erfüllt. Selbstbestimmung bedeutet, die Verantwortung für unsere Vergangenheit, Gegenwart und Zukunft zu übernehmen. Selbstbestimmung bedeutet, sich daran zu erinnern, dass wir nicht in der Zeit zurückgehen und die Vergangenheit ändern können, aber wir in der Gegenwart bewusste Entscheidungen treffen können, um uns auf die Zukunft vorzubereiten. Wir haben die Möglichkeit, unsere Energie und unseren Seinszustand auf das Hier und Jetzt auszurichten. Wenn wir die Vergangenheit loslassen und Schuldzuweisungen aufgeben, bewegen wir uns nicht nur in den gegenwärtigen Moment, sondern befreien auch die Energie, die in früheren Verletzungen eingeschlossen und gebunden war. Jedes Mal, wenn wir in unseren Überlebensmodus schalten, ziehen wir Energie ab, die uns auf unsere Ziele zusteuert. Hier ist kein Platz für Schuldgefühle, Groll, Tadel oder Scham.

Viele von euch sind vertraut mit der Kampf- oder Fluchtreaktion des Nervensystems. Unser Hypothalamus ist der Teil des zentralen Nervensystems, der ständig unsere Umgebung beobachtet und versucht einzuschätzen, ob etwas unsere Sicherheit bedroht. Wenn wir eine Bedrohung wahrnehmen, sendet er ein Signal an die Hypophyse, die den Nebennieren signalisiert, Energie zu mobilisieren, um entweder die Bedrohung zu bekämpfen, oder vor ihr zu fliehen. Wie bereits erwähnt, können wir uns nicht gleichzeitig im Überlebensmodus und im Schöpfungsmodus befinden. Je länger wir also in unserem beschützenden Überlebensmodus verharren, desto länger verschwenden wir unsere Energiespeicher, indem wir Stresshormone ausschütten.

Der Mut, Mitgefühl zu empfinden und uns selbst zu beglückwünschen, liefert uns unsere kostbare kreative Energie zurück, die abgezweigt worden war. Wenn wir diese Energie zurückgewinnen, können wir sie nutzen, um uns ein ganz neues Leben zu erschaffen. Die Abhängigkeit von unserem Überlebensdenken zu durchbrechen, ist der Schlüssel, um die notwendige Inspiration zu finden, die wir brauchen, um das Leben zu gestalten, von dem wir immer geträumt haben.

Alles, was du jetzt noch tun musst, ist, dich an die dunklen und einsamen Wege zu erinnern, die du gegangen bist. Ja, es gab Fehler auf diesem Weg. Einige wurden von anderen begangen. Einige von dir selbst. Aber es gab auch Liebe und Freundschaft auf diesem Weg. Es gab auch Lehren zu ziehen, wie wir klarer denken und vernünftiger handeln können. Jede Widrigkeit, mit der du konfrontiert wurdest, war auch eine Gelegenheit. Indem wir unsere neu gewonnene seelische Kraft nutzen, können wir unser Bewusstsein erweitern und zu einem besseren Verständnis von uns selbst, unseren ureigenen Kräften und unserem Platz im Universum gelangen.

Lebewohl gestern

Ich liebe das Licht, denn es zeigt mir den Weg, doch ich ertrage auch
die Dunkelheit, denn sie zeigt mir die Sterne.
~ Og Mandino

Es ist gut, die Vergangenheit einfach hinter sich zu lassen. Du kannst sie nicht wie einen Amboss mit dir herumschleppen. Man erkennt Menschen, die an der Vergangenheit festhalten, sofort. Dieser Amboss schlägt Funken, wenn die Menschen versuchen, voranzukommen. Diese Funken versengen alles, was sie berühren: Freundschaften, berufliche Möglichkeiten, Liebesbeziehungen ... was auch immer. Alles wird von der Last des Ambosses – der Vergangenheit – belastet. Wenn du versuchst zu fliegen, zieht sie dich wieder auf den Boden zurück und erinnert dich an die lange Liste von Misserfolgen, die deinen Namen tragen.

Das Festhalten an der Vergangenheit kann dir den Blick auf die Gegenwart und die Zukunft verstellen. Du bist nicht mehr der, der du vor Jahren warst. Du vertrittst nicht mehr dieselben Meinungen. Du siehst ein bisschen anders aus ... fühlst dich ein bisschen anders. Du hast einen Schatz an Wissen hinzugewonnen. Und dein Leben ist durch neue Erfahrungen bereichert worden. Die Menschen um dich herum haben sich wahrscheinlich auch ein wenig (oder sehr) verändert. Die Vergangenheit ist kein Todesurteil, das über deinem heutigen Leben schwebt.

Aber du kannst dich nur dann von den Fehlern der Vergangenheit befreien, wenn du dich ihnen direkt gestellt hast. Wenn deine Vergangenheit von Drachen in der Dunkelheit erfüllt ist, die dich erschaudern lassen, werden sie immer da sein und dich verhöhnen. Genauso wie du einen Rückspiegel in deinem Auto hast, ist es notwendig, hinter dich zu schauen, um sicherzustellen, dass das, was du hinter dir gelassen hast, dich nicht von hinten überrollt.

Was bedeutet es, sich deiner Vergangenheit zu stellen? Lerne die Lektionen, die sie dir zu vermitteln hat. Jede vergangene Erfahrung sagt etwas über dich, deine Mitmenschen und die Welt im Allgemeinen aus. Was immer du lernst, dient als Baustein, der dich in deinem Bewusstsein für die Welt und dich selbst weiterbringt. Es ist harte Arbeit, zugegebenermaßen. Jeder, der sagt, dass das nicht so ist, will dir etwas vorgaukeln. Glaube es nicht. Investiere die Arbeit, die nötig ist, um sich mit der Vergangenheit zu versöhnen, damit dein Leben ins Gleichgewicht kommen kann.

Wenn du das tust, wirst du in der Lage sein, für das Heute zu leben, anstatt zu versuchen, die Misserfolge von gestern wiedergutzumachen. Du wirst in der Lage sein, von deiner Zukunft zu träumen, anstatt den Ballast der Vergangenheit mit dir herumzutragen.

Ich hatte einen schweren Start ins Leben, aber ich hatte auch Glück, ganz sicher. Tatsächlich ist es so, dass das Glück die Menschen begünstigt, die sich darauf vorbereitet haben. Weil ich geistig stark und bereit für das Abenteuer war, konnte ich eine Chance nach der anderen ergreifen. Jetzt ist alles im Lot. Mein Haus ist abbezahlt. Ich habe eine schöne Rente und viel Geld auf der Bank. Meine Kinder sind alle erwachsen und erfolgreich. Ich könnte versucht sein, das Leben als gelungene Mission zu betrachten. Aber stattdessen träume ich weiter von großen Zielen. Ich glaube, dass jeder Mann und jede Frau bis zur letzten Minute voll und ganz leben sollte. Du musst nicht in einem Pflegeheim sterben, wo du kaum noch etwas von deiner Existenz mitbekommst. Es wäre viel besser, dieses Leben mit etwas Sinnvollem, Aufregendem oder Extremen zu beenden.

Der einzige Weg dorthin ist, dein persönliches Denkmuster zu ändern. Fordere dich weiterhin heraus, Dinge zu tun, von denen du nie gedacht hättest, dass du sie tun könntest. Es ist zwar in Ordnung, sich auszuruhen, aber wenn du dich ausgeruht hast, solltest du wieder rausgehen und weiterleben, damit du nicht faul wirst. Du bist nie, nie, nie zu alt. Du magst graue Haare haben, aber du hast einen eisernen Willen. Du bist stark genug, um jeden Traum wahr werden zu lassen.

Zeit ist eine unglaubliche Sache. Sie ist der große Gleichmacher unter den Menschen. Du kannst Zeit weder kaufen noch verkaufen. Einem armen Menschen kann sie nicht weggenommen werden. Der Reiche kann sie nicht gegen mehr eintauschen. Die Stärke des starken Mannes verschafft ihm keinen Vorteil. Genauso wenig wie der Reichtum des reichen Mannes. Die Zeit ist das Einzige, was fair ist. Du könntest also zurückblicken und dir Sorgen machen, dass du Zeit verschwendet hast, weil du die Grundsätze, die du in diesem Buch entdeckt hast, nicht angewandt hast.

Aber keine Angst. Zeit ist nicht das größte Kapital. Das Timing ist es! Aus welchem Grund auch immer, das Universum hat dir dieses Buch zukommen lassen. Der Grund dafür ist, dass dein Timing genau richtig ist, um diese Botschaft zu hören. Hättest du sie vor einem Jahr gehört, hättest du sie vielleicht nicht beachtet. Ein Jahr später wäre es vielleicht schon zu spät gewesen. Deine Zeit ist jetzt gekommen.
Alles hat seine Stunde.

Für jedes Geschehen unter dem Himmel gibt es eine bestimmte
Zeit:
² eine Zeit zum Gebären
und eine Zeit zum Sterben,
eine Zeit zum Pflanzen
und eine Zeit zum Abernten der Pflanzen,
³ eine Zeit zum Töten
und eine Zeit zum Heilen,
eine Zeit zum Niederreißen
und eine Zeit zum Bauen,
⁴ eine Zeit zum Weinen
und eine Zeit zum Lachen,
eine Zeit für die Klage
und eine Zeit für den Tanz;
⁵ eine Zeit zum Steinewerfen
und eine Zeit zum Steinesammeln,
eine Zeit zum Umarmen
und eine Zeit, die Umarmung zu lösen,

⁶ *eine Zeit zum Suchen*
und eine Zeit zum Verlieren,
eine Zeit zum Behalten
und eine Zeit zum Wegwerfen,
⁷ *eine Zeit zum Zerreißen*
und eine Zeit zum Zusammennähen,
eine Zeit zum Schweigen
und eine Zeit zum Reden,
y eine Zeit zum Lieben
und eine Zeit zum Hassen,
eine Zeit für den Krieg
und eine Zeit für den Frieden.
Die Bible, Koh 3:1-8

***

Das Leben verläuft in Jahreszeiten. Jahreszeiten sind ziemlich faszinierend, wenn du darüber nachdenkst. Das Tolle an den Jahreszeiten ist, dass jede ihre eigenen, einzigartigen Eigenschaften hat. Du bist dann besonders beschenkt, wenn du das Glück hast, in einem Klima mit vier verschiedenen Jahreszeiten zu leben. Der Sommer bringt warme Temperaturen und lange Sonnentage mit sich. Wir machen Ferien und Urlaub von der Arbeit und der Schule, um zu spielen und die Zeit mit unseren Lieben zu verbringen. Dann kommt der Herbst, wenn die Blätter das farbenprächtigste Schauspiel der ganzen Natur bieten. Die Rot-, Gelb- und Orangetöne, gemischt mit den immergrünen Bäumen, erinnern uns daran, dass die Natur die größte Malerin ist. Dann kommt der Winter, und der Boden ist mit Schnee bedeckt. Wir werden zu Zuschauern des winterlichen Schauspiels der Natur, während wir uns mit unseren Familien Schulter an Schulter ans Feuer kuscheln. Dann kommt der Frühling und verkündet, dass alles Tote wieder auferstehen muss. Die Bäume ziehen ihre Kleider an und der Himmel schüttet erfrischende Regenfälle aus, um die ganze Natur zu einem neuen Jahr des Lebens zu erwecken.

Die Jahreszeiten sind erstaunlich. Das vielleicht größte Geschenk der Jahreszeiten ist, dass sie kommen und gehen. Die Natur bleibt nie in der Vergangenheit stecken. Ein Jahr ist anders als das nächste und nichts ist wie das vorherige. Die Natur bewegt sich immer weiter. Was tot war, erwacht zum Leben, und was verbraucht ist, legt sich nieder und stirbt, um Platz für das Kommende zu machen.

Auf die Helligkeit von Frühling und Sommer folgt die Dunkelheit von Herbst und Winter. Die gesamte Natur erinnert uns daran, dass Dunkelheit und Licht zusammenarbeiten, um unser Ökosystem am Laufen zu halten. Das vielleicht schönste Sinnbild für die Dunkelheit ist der Nachthimmel. Was könnte wundersamer sein als eine dunkle Nacht, in der die Sternbilder sichtbar werden? Die Schwärze der Nacht ist die einzige Möglichkeit, die beeindruckenden Anblicke zu genießen, die stets direkt über uns sind. Wenn die Sonne hell leuchtet, können wir die Sterne nicht sehen. Aber wenn sich der Himmel verdunkelt, schießen Lichtblitze hervor und lassen uns wissen, dass unsere Galaxie groß und weit ist.

In den letzten zwanzig Jahren haben die Bürger dieser Welt turbulente Zeiten durchlebt. Von Terroranschlägen bis hin zu zahlreichen gefährlichen Krankheiten, einschließlich einer weltweiten Pandemie. Das kann den Geist, den Körper und die

Seele eines jeden Menschen ganz schön belasten. Schwierige Zeiten in unserem eigenen Leben oder in der Welt um uns herum können schwerwiegende Auswirkungen haben.

Da wäre zum Beispiel die Depression. Die Weltgesundheitsorganisation schätzt, dass derzeit 280 Millionen Menschen mit Depressionen zu kämpfen haben. Viele von ihnen sind auf Medikamente angewiesen, um den Tag zu überstehen. In jedem Land gibt es Krisen im Bereich der psychischen Gesundheit. Damit einhergehend steigt auch der Konsum von Drogen wie Opioiden. Diese werden oft eingesetzt, um Wohlfühlhormone freizusetzen und ein Hochgefühl zu erzeugen, nach dem sich viele Menschen sehnen.

Menschen sind am besten darin, Bewältigungsstrategien zu entwickeln. Wir lernen, uns anzupassen und uns auf die schwierigsten Ereignisse einzustellen, die das Leben uns beschert. Aber das Leben im höchsten Maße zu leben, bedeutet nicht nur, sich anzupassen und zurechtzufinden. Es geht darum, zu gedeihen und aufzublühen. Das ist nur möglich, wenn wir körperlich und seelisch gesund sind.

Ein wichtiger Schlüssel zum Erreichen dieser höheren Schwingungen liegt in unserer Energie. Deine Energie bezieht sich nicht nur darauf, wie lebendig du dich fühlst und ob du bis zum Ende des Tages wach bleiben kannst. Deine Energie ist der Zustand deines Seins. Versorge dich mit Energie, indem du dir erlaubst, das Leben in vollen Zügen zu leben, ohne Hemmungen und ohne Grenzen. Allein der Gedanke daran schickt schon Druckwellen durch deinen Körper. Es steht dir frei, alles zu erkunden, was die Welt zu bieten hat.

Alles Wissen, das du nicht umsetzt, ist nichts weiter als ein Hirngespinst am Kaffeetisch. Echte Veränderung kann nur dadurch entstehen, dass du das, was du aus diesem Buch erfahren hast, in die Tat umsetzt. Erforsche deine eigene Seele und hebe dort die Schätze der Sehnsucht. Vertraue dir selbst, dass die Dinge, die du dir sehnlichst wünschst, auch die Dinge sind, die du haben sollst. Dabei geht es nicht um materiellen Besitz, auch wenn deine energetische Veränderung auch Reichtum bringen kann. Es geht darum, dass du den Wünschen deines Herzens folgst, vielleicht zum ersten Mal überhaupt.

Nun hast du das Steuer selbst in der Hand. Wohin wirst du gehen? Was wirst du sehen? Wer wird an deiner Seite sein? Du darfst entscheiden. Und wenn du das tust, trägst du neue Energie in die Welt. Du erschaffst etwas, das es vorher nicht gab. Du kannst endlich voll und ganz für die Menschen da sein, die du am meisten liebst.

In der Dunkelheit gibt es nichts zu befürchten. Dort kannst du den Schatz finden, nach dem du gesucht hast.

„Obwohl meine Seele in Dunkelheit versinken mag, wird sie in vollkommenem Licht aufgehen; Ich habe die Sterne zu sehr geliebt, um Angst vor der Nacht zu haben."

— Sarah Williams (Twilight Hours: A Legacy Of Verse)

***

Danke und zum guten Schluss

Wenn dir dieser Titel gefallen hat und du gerne über andere Themen lesen möchtest, die mein Leben verändert haben, würde ich mich freuen, wenn du dir meine neuen Bücher auf Amazon oder meiner Website ansiehst: www.my-mindguide.com.

Folge mir auf meinen Social-Media-Kanälen, sodass wir in Kontakt bleiben. Bitte melde dich auf Facebook oder Instagram und bleibe auf dem Laufenden! Du bist herzlich eingeladen, deine Gedanken auch direkt mit mir persönlich zu teilen: gassner@my-mindguide.com. Im Gegenzug schicke ich dir eine wunderschöne Infografik, die du ausschneiden und einrahmen kannst.

Ich würde mich ebenfalls über eine positive Bewertung auf Amazon freuen. Das hilft mir dabei, ein noch breiteres Publikum zu erreichen. Vielen Dank für deine Zeit, deinen Einblick und deinen unermüdlichen Wissensdurst!

Ich möchte Danke sagen, danke an all meinen Kollegen, Kunden, Freunden, Familienmitgliedern und jedem, der mir auf die eine oder andere Weise dabei geholfen hat, der zu werden, der ich heute bin.

Ich möchte mich ebenfalls bei Gabriel Palacios bedanken, dem König der Hypnotherapie und Schweizer Bestsellerautor, der mir eine Menge beigebracht hat und mich tief in das Geheimnis der Hypnotherapie eintauchen ließ. Ich habe auf diesem Weg so viel gelernt, dass ich jetzt selbst ein zertifizierter Master-Hypnose- und Gesprächscoach bin!

Außerdem möchte ich mich bei den fantastischen Lehrern aus SAMYANA/Bali bedanken, die mich zu einem zertifizierten Yoga- und Meditationslehrer ausgebildet haben.

Nicht zuletzt gilt mein besonderer Dank meinem Lehrmeister Eckhard Wunderle, der für mich fast wie ein Heiliger ist. Er hat mich in die Welt der Meditation eingeführt und mich all die Wunder entdecken lassen, die sie zu bieten hat. Ich könnte nicht stolzer sein, dass ich meine Zertifizierung als Meditationslehrer direkt von ihm am Institut für Spirituelle Psychologie erhalten habe.

Frieden, Liebe und Glück für euch alle – bis zum nächsten Mal!

Authors portrait

Kurt Friedrich Gassner hat im Laufe seines Lebens viele Rollen gespielt. Unter anderem war er Serienunternehmer, Kreativdirektor, Meditationslehrer, lizenzierter Hypnosetherapeut und seit kurzem auch Autor für Selbstverbesserung. Durch die Nutzung seines Erfahrungsschatzes und seiner fundierten Kenntnisse der Psychologie gibt er seinen Lesern die Werkzeuge an die Hand, die sie benötigen, um ihr unendliches Potenzial zu entfalten.

Als produktiver Selbsthilfe-Autor hat Kurt die folgenden Bücher verfasst: *Die Kunst des Vergebens, Lügen oder Sterben, Soul-Match, Kann man einen vergifteten Verstand erben? und Die Macht der Armut.* Er ist auch Autor eines Kinderbuch-Bestsellers im deutschsprachigen Raum und hat über 20 Bücher in Arbeit.

Wenn es um dauerhaften Erfolg geht, weiß Kurt, dass finanzieller Wohlstand nicht der einzige Aspekt ist, nach dem man streben sollte. Er mag ein Selfmade-Millionär sein, aber was sein Leben wirklich verändert hat, ist die Beherrschung seines Unterbewusstseins. Beharrlichkeit, persönliche Stärke, Selbsterkenntnis und das Lernen aus vergangenen Fehlern waren die wichtigsten Zutaten, um seine Träume zu verwirklichen. Er bemüht sich, diese Weisheit durch sein Schreiben an andere weiterzugeben.

In seiner Freizeit reist Kurt Friedrich Gassner entweder um den Globus, geht golfen, radelt in den Alpen, wandert oder verbringt Zeit mit seinen Lieben. Seit 37 Jahren ist er glücklich verheiratet und Vater von zwei erfolgreichen Kindern. Zurzeit wohnt er in München, Deutschland, und Kirchberg, Österreich.

OTHER BOOKS BY THE AUTHOR

My-mindguide.com
Ein praktischer Leitfaden zur Selbstheilung und zur Überwindung vergangener Traumata
Die Kunst Der
VERGEBUNG
KURT GASSNER

My-mindguide.com
SEELEN
VERWANDT
WIE MAN DIE KRAFT DES UNTERBEWUßTSEINS
FÜR SEINE BEZIEHUNGEN NUTZT
KURT GASSNER

My-mindguide.com
Ein inspirierendes Buch zur Überwindung vergangener Traumata
KRAFT DER
VERGEBUNG
SELBSTVERGEBUNG HEILT
KURT GASSNER

My-mindguide.com
Passt
Du zu
Mir?
Wie wir swipen lernen, ohne uns zu verletzen
KURT GASSNER

My-mindguide.com
GROW
WITH YOUR
FAILURES
GROW THROUGH YOUR FAILURES
KURT GASSNER

My-mindguide.com
WACHSE
MIT DEINEN
MISSERFOLGEN
WACHSE DURCH DEINE MISSERFOLGE
KURT GASSNER

Lass
Los!
Verändere dein Unter- Bewusstsein, befreie dich
von materieller Abhängigkeit & wahre Lebensgeschichten
KURT GASSNER

My-mindguide.com
Let
Go
Rewire your subconscious mind with hypnosis
& cure material addiction – Real Life Stories
KURT GASSNER

OTHER BOOKS BY THE AUTHOR

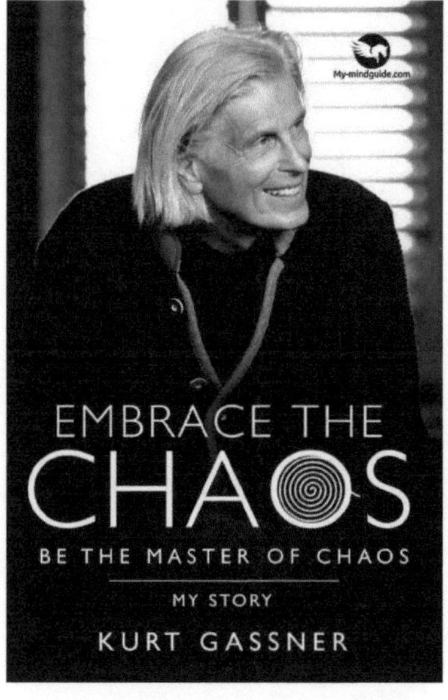

ECKO
FIRED FOR SUCCESS?
TRUE STORIES AND MANAGEMENT LESSONS
FOR OUR TOUGH CHANGING TIMES
KURT GASSNER

ECKO
WEGEN ERFOLG GEFEUERT
Eine wahre Geschichte über das Scheitern in Unternehmen und
was junge Führungskräfte aus einer Fehlerkultur lernen können.
KURT GASSNER

My-mindguide.com
Unlocking
The Healing
Power of Pets
What Pets Can Tell You About Your Soul
KURT GASSNER

My-mindguide.com
Heilkraft
Unserer
Lieblinge
Was Haustiere über Ihre Seele verraten können
KURT GASSNER

My-mindguide.com
THE
BLISS OF
STRUGGLE
WINNING STRATEGIES
FOR DEMANDING TIMES
KURT GASSNER

My-mindguide.com
STARK
DURCH
„STRUGGLES"
DAS IDEALE MINDSET,
UM KRISEN ZU MEISTERN
KURT GASSNER

My-mindguide.com
LIE LYING
& LIAR
A LIE HAS NO LEGS BUT IT HAS WINGS
KURT GASSNER

My-mindguide.com
LÜGE LÜGEN
& LÜGNER
EINE LÜGE HAT KEINE BEINE, ABER SIE HAT FLÜGEL
KURT GASSNER

BORN
in the
COLD
Liebe und Aufmerksamkeit in der Wachstumsphase eines Kindes
KURT GASSNER

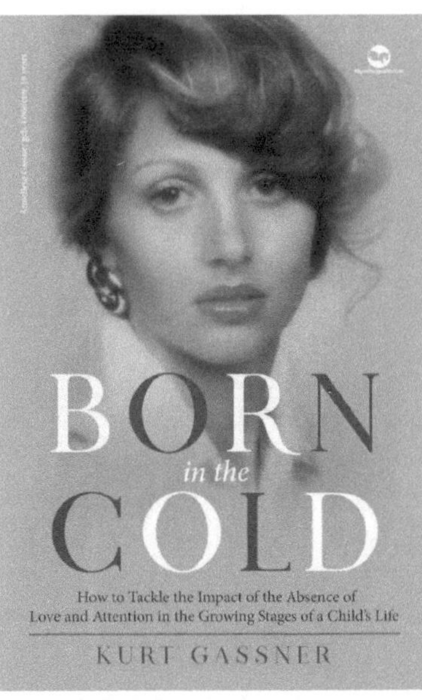

BORN
in the
COLD
How to Tackle the Impact of the Absence of
Love and Attention in the Growing Stages of a Child's Life
KURT GASSNER

SOPHIAS WUNDERWELT
10 ERZÄHLUNGEN
KURT GASSNER

SOPHIA'S WONDERWORLD
10 TALES
KURT GASSNER

BESTSELLING AUTHOR OF
The Art Of
FORGIVNESS
AMAZON #1 BESTSELLER
My-mindguide.com
A practical guide for self healing and overcome past traumas
The Art Of
FORGIVNESS
KURT GASSNER
The Art Of
FORGIVNESS
KURT GASSNER